JN080951

50歳、年収450万円からの
結婚に必要な30の法則

中年婚活

中村淳彦

大洋図書

はじめに
67歳で死なないための婚活

「生涯未婚で50歳」はガンと同等の危険な状態！

本書は年齢50歳&年収450万円というスペックの独身中年男性が、婚活をして相手を見つけて結婚をしようという本です。

令和4年版少子化社会対策白書によると、50歳時点で一度も結婚をしたことがない**生涯未婚の割合が男性28・3%**に達しました。生涯未婚率が「50歳時点での未婚者」で計算されるのは、その年齢になったらもう生涯結婚することはないだろうとされているからです。

男性の生涯未婚率はまだまだ上昇して、2040年には29・5%に到達して、単身世帯の割合は40%に達すると予測されています。2040年といえば、現在50歳の人々が前期高齢者になる年齢です。定年後に仕事と居場所を失って単身で暮らしているとなると、誰とも話さない日々が延々と続き、得体の知れない孤独に襲われているかと思います。

いまでこそあたりまえの生涯未婚の独身男性ですが、それは平成以降に起こった特異な現象です。50歳のみなさんが生きてきた間に、自由恋愛の時代となり、女性が社会進出して、非正規雇用が推進されるなど、様々な変化がありました。その結果、**結婚しない、結婚できない男性が激増**することになったのです。

みなさんが結婚できない、しない選択をしたことで、生涯未婚率の上昇がはじまって、未婚者の独身だらけという現在に至っているのです。

以前はどうだったのでしょうか、過去の生涯未婚率を見てみましょう。

高度経済成長期の1960年は1・3％、平成に突入した1990年は5・6％、2000年は12・6％と、独身男性は圧倒的な少数派でした。中年の未婚者は、めずらしい存在だったのです。

この数十年間で、ほぼ全員が結婚を経験する社会から、3人に1人が生涯未婚のまま人生を終える社会に変貌したのです。皆婚時代が続いたので、現在の独身だらけ、単身世帯だらけという孤独な人々の増加は、歴史的に前例のないことだといえます。よって、みなさんがどのような末路を迎えるのか、前例がないので誰もわからないのです。少なくとも、**幸せではない未来**が見えてきます。

みなさんが結婚しなかった理由は、なんだったのでしょうか。

モテないことは置いておくと、「人生を束縛されたくない」「自由を求めて」「自分のためだけにお金を使える」などなど、そんなところでしょう。しかし、若い頃はそんな時間的、経済的自由を満喫できても、40歳を超えたあたりから孤独を感じる時間が増えていませんか。

それに自分のためだけにお金を使うと張り切っても、パチンコしたり、風俗に通ったり、キャバ嬢や地下アイドルに貢いだり、みたいな使い方も少なくないでしょう。50代単身世帯の貯金額の中央値は約53万円（令和4年家計の金融行動に関する世論調査／金融広報中央委員会）と、なかなか厳しい金額となっています。経済的自由を求めた結果として、なにか残るものがありましたか？と聞いてみたいです。

みなさんは実感していると思いますが、中年になると友だちは減ります。40歳を超えたあたりから友だちと会う頻度は減り、いまではそのような機会はほとんどなくなっていませんか。そして、新しい出会いは極端に少なくなっているはずです。

若い頃に束縛されたくないと未婚の選択をしても、中年になると束縛どころか**周囲に誰もいなくなって、気づけば孤独**になりがちです。仕事を頑張ってきた方でも、役職定年や早期退職になれば、人はどんどん離れるので仲間も居場所もなくなってしまいます。

それだけではありません。年齢を重ねると、家族にも変化が起こります。ちょっと前までは元気で、偉そうにしていた親も、気づけば後期高齢者です。まともに建設的な会話ができなくなって、認知症になって周囲に迷惑をかけて、やがて歩けなくなって自立できない要介護状態になって、死んでしまいます。50歳を過ぎると、友だちも仕事も家族もなくなって、ガチな孤独に陥るのは時間の問題なのです。

孤独は健康によくありません。若い頃は束縛されたくないとイキっていた人も、どうして自分が生きているのか、わからなくなるでしょう。「孤独は毒である」と、様々な医師や研究者が日々警鐘を鳴らしています。

そのような警鐘を自分には関係ないと、ずっと聞き流してきたかもしれません。でも、事実として**生涯未婚男性の寿命が極端に短い**ことはご存じでしょうか。日本人男性の寿命の事実を知ったとき、筆者は驚きました。

令和4年簡易生命表（厚労省）では、男性の平均寿命はおよそ81歳となっています。その年齢はみなさんの寿命の共通認識だと思うのですが、未婚男性の死亡年齢の中央値は67・2歳として刻まれています（参考：荒川和久「『いのち短かし、恋せぬおとこ』未婚男性の死亡年齢中央値だけが異常に低い件」／YAHOO！ニュース）。未婚男性は飛びぬけて死ぬのが早いのです。

中央値とはデータを若い順番に並べて、ちょうど中央に位置する値のことをいいます。となると、**生涯未婚男性の完全に半数が67歳までに死んでいる**のです。みなさんも十数年後、すでに半分の方々は死んでいることになります。未婚男性の寿命は男性全体の平均寿命81歳には遠く及ばず、知らなかった筆者は愕然としました。

最近、人生100年時代と騒がれています。しかし、100年間も生きるのは、家族や人間関係、経済的に恵まれた、孤独とは縁遠い人たちです。未婚の単身暮らしで、孤独を抱えながら生きる未婚男性は長寿とは無縁なのです。

50歳のみなさんの世代は社会保障が現在と比べると極端に縮小して、もっと状況が悪化しているることでしょう。実際にアラフィフである筆者の同年代の友人、知人は、すでに何人も死んでしまいました。みんな結婚をしなかった、できなかった人たちです。最期のゴングは、もう鳴りはじめているのです。

67歳で死ぬのは早すぎます。

年金受給がはじまって2年目、100年生きると張り切る親より早く死ぬ人もたくさんいるでしょう。葬式は終末期の親に見送られ、みなさんが核家族育ちの一人息子だとすると、親の財産を相続することもできません。親とみなさんがせっかく築いた財産も、一人息子が死んでしまったので国庫に納めることになります。

早すぎる未婚男性の死因は、もちろん老衰ではありません。

死因を見てみると、腎不全、糖尿病、高血圧性疾患などの生活習慣病に、悪性癌となっています。未婚男性の食生活はカップラーメンやコンビニ弁当、ポテチとかファストフードでしょうか。安価な外食や間食が中心で、手料理が中心の有配偶者とは食生活が異なります。それと、孤独による精神的なストレスで早期に悪性癌を誘発したのかもしれません。

残念ながら現在50歳の生涯未婚のみなさんに、**残された時間は長くはありません。**

現在は医療が発達しているので、人間は簡単には死にません。寿命の前に、健康寿命を通過します。

健康寿命とは健康上の問題で制限なく、日常生活を送ることができる期間のことで、寿命－健康寿命は9年といわれています。となると、現在50歳のみなさんは、8年後あたりを目安になにかしら健康を壊し、数年間は苦しみもがく闘病して寿命を迎えるということです。

生涯未婚で50歳は、10年生存率50％の重病を患っているのと同等の危険な状態だといえるのです。

本書は中年男性の婚活指南本であると同時に、死なないために、ラストチャンスに婚活にチャレンジしてみませんか？というメッセージも込めています。若い頃のように「束縛されたくない」「自由でいたい」「お金を自由に使いたい」なんて言っている場合でないことは、終焉が迫ったみなさんにはわかっていただけたかと思います。

守備と防御を重視する中年婚活

筆者は2020年9月、49歳のときに妻を悪性脳腫瘍で亡くしてバツイチになりました。妻の死の直後は、すぐに再婚したいとは考えていませんでした。ゆっくり時間をかけて第二の人生をどうしようか考えていこうと思っていました。結婚生活に不満はなにもありませんでしたが、みなさんと同じく、しばらくは自由を満喫する、お金を自由に使うみたいなことを思い浮かべていたのです。

しかし、すぐに考え方が変わりました。そんな悠長なことをしている場合ではないと悟ったのです。

未婚男性の寿命が異常に短いこと、孤独がおそろしいこと、49歳という年齢は婚活のラストチャンスと知ったことが理由です。自分はまだ若い、可能性があると思い込んではいても、客観的に見れば**アラフィフはもう人生のやり直しのきかない年齢**です。

婚活は自分のスペックをすべて市場に出しての勝負なので、**1日でも、1秒でも若いうちに動いたほうが有利**です。しばらく独身の自由を満喫するのはいいですが、そんなことをしている間に40代は過ぎて50代に突入し、手遅れになるのではないか?と危機感を抱いたわけです。

67歳で死ぬのは早すぎる、残された人生を孤独に生きて孤独死するのは厳しいと、婚活して再婚することを決断したのです。

2020年12月、妻の葬式を終えて、厄介だった各種死後の手続きを済ませて、すぐに婚活をはじめました。アラフィフ男性の婚活は「厳しい、厳しい、厳しい――」と調べれば、調べるほど書かれています。筆者の職業からもわかる通り、スペックは高くありません。中年婚活は早期決着で2年間、妥当ラインで5年間くらいはかかると覚悟していました。

マッチングアプリからはじめました。そして、時期をみながら結婚相談所に入会し、同時進行で仕事やプライベートで出会う女性たちも結婚相手として意識する、みたいな長期的なプランを立てて動きだしたのです。

結論から言うと、筆者の中年婚活は、マッチングアプリによってあっという間にうまくいきました。

2021年6月に婚活アプリで知り合った同じ年齢の智美さん（仮名）と、2022年3月に入籍しています。智美さんは初婚、一流大学卒、上品でスレンダー美人なキャリアウーマンです。仕事は金融系の総合職で年収1000万円を超え、趣味は茶道と料理、今年の秋にはモロッコとスペインに周遊の旅に行くそうです。

筆者はアラフィフの中年男性にもかかわらず、完璧な結果を伴う婚活を短期で成功させた、ということで本書の執筆依頼がきたという流れになります。

アラフィフ男性の婚活がおそろしく厳しいのは現実です。

筆者が厳しい中年婚活で、座右の銘としたのは「ありのままの自分で戦わない」ことです。**なんの努力や改善、投資なしに理想の女性が現れて、ありのままの自分が受け入れられて成婚と**

いう奇跡は、万が一にもないということです。

中年男性は対象にする女性の選択、お金の使い方、プロフィール写真や文章、立ち振る舞い、会話、服装、日常生活、考え方など、婚活に必要とされる要素のすべてに間違っていない行動が必要となってきます。

間違っている行動とは清潔感のない風貌を放置する、という大きなことから、プロフィール写真の選択ミスなど些細なことまでたくさんあります。間違った行動の一つ一つが女性との出会いや、選ばれる可能性を低下させて「厳しい」状況に追い込まれてしまうのです。

「間違いに、すぐに気づいて改善する！」

アラフィフ男性の婚活を一言でいえば、それがすべてです。

中年男性の婚活は激戦&苦難&受難の連続になりがちです。本書はそんな厳しい婚活を早期決着した筆者が「間違っていない行動」をお伝えする内容になります。

第一章「若い女性を狙うのを諦める」では、中年男性は若い女性と結婚するのは難しいことをみなさんに説得し、

第二章「マザコンを卒業して親の介護を放棄する」では、婚活に絶対に必要な準備と心構えをお伝えします。

第三章「『ありのままの自分』で戦わない」ではツールを使った婚活における具体的な方法や考え方、技術、改善案を提示して、

第四章「婚活傾聴」ではお見合いのときの立ち振る舞い、会話方法を伝授します。

第五章「『この人と結婚する』というクロージング」では、成婚までの考え方と動き方をお伝えします。

間違っていない行動をするために、項目ごとに重要なポイント、章の最後にチェックシートを掲載します。婚活に必要なかなり基礎的なことからお伝えするので、筆者が本書で伝えたことは全部手をつけて、すべて問題解決したほうが成婚の可能性は高くなるはずです。

筆者が伝える「ありのままの自分で戦わない婚活」は、ポジティブに理想を叶えるのではなく、現実に足をつけながらなるべくミスを犯さない守備と防御の婚活です。**アラフィフの男性に一発逆転ホームランはありません。**

もう人生残り時間が少ないことの自覚を前提として、僅かなチャンスを逃さないで僅差で勝利を掴んでいく婚活を目指していきましょう。

中年婚活——もくじ

第二章

第三章

「ありのままの自分」で戦わない

第四章

婚活傾聴

第五章 「この人と結婚する」というクロージング

第一章

おじさんには価値がないことを自覚して若い女性を狙うのを諦める

01 結婚は等価交換

おじさんが若い女子を狙う問題

アラフィフの中年男性が15歳も、20歳も年下の女性にアプローチして、女性から心からあきれられ、気持ち悪がられる風景を日常的に目撃します。筆者の個人的な視界の範疇でも日常的に見かけるので、未婚男性が集まる結婚相談所では「おじさんが若い女子を狙う問題」は、産業を揺るがす大問題となっているようです。

若い女性の尻を追いまわしている中年男性たちは、「おじさんはモテる」「経験を重ねた年上男は、頼りがいがある」「島耕作を見てみろ」と、本気で思っています。冒頭から申し訳ないですが、アナタのその意識は妄想であり、勘違いです。

アナタの理想や妄想と、現実には大きなズレがあります。

残念ながら「おじさんは若い世代から尊敬されている」「知識と経験がある年上男性がモテる」というのはアナタが思い込んでいるだけです。では、試しに婚活アプリに登録して、理想の20代女性に「いいね！」を押してみてください。どうでしょう、おそらく「いいね！」は返ってきていませんよね。

アプリがダメなら、結婚相談所に入会して、お金を払って理想の若い女性を紹介してもらおうと思っているでしょう。お金を払えば、20代の結婚相手と出会えると思ったら大間違いです。結婚相談所の担当カウンセラーに「相手の条件は20代のかわいい子、もしくは美人」と言ってみてください。「はぁ、勘弁してください。結婚どころかお見合いすら無理です」と即答で断言され、あきれ顔で厳しい現実を諭されるでしょう。

アラフィフと20代のカップル成立は婚活では不可能、現実的にはパパ活までです。

高額なお手当を渡してギリギリ成り立つ関係で、熱心に若い女性を追いまわしている中年男性たちは、女性たちに高額なお金を使っています。**たくさんのお金を使っても、残念ながら愛情までは買えません。**パパ活女子たちがアラフィフのパパと会ってデートするのは、あくまでもお金のためだけです。

パパ活パパは中小企業の経営者がメインです。時間と経済的に余裕のある成功者で、それなりに年収や社会的地位が高い人です。しかし、20代女子たちにとってはどんなにスペックが高くても、恋愛対象外のおじさんであることは変わりなく、相手を好きになるようなことはありません。あったとしても極めてレアケースで、ほとんどのパパ活女子たちはお金や生活のために嫌々デートして、仕方なく恋愛したフリをしているわけです。

令和の社会では、それほど、おじさんに価値がないのです。

ここでおじさん（中年男性）の定義をしておきましょう。アラフィフとなる45歳以上がおじさんでいいでしょうか。45歳を超えたらほとんどの人は体力がなくなり、体型が崩れ、白髪まみれになり、肌は老化するので異論はないかと思います。

結婚相手はアナタと同じ価値の女性

本書は中年婚活で成功を目指すので、冒頭からはっきり言いましょう。

結婚適齢期の20代、30代で結婚することなく、45歳を超えて生涯未婚の該当者となったアナタは、絶対に20代の女性とは結婚できません。不可能です。諦めてください。

理由は簡単なことです。結婚適齢期でこれから輝かしい人生がはじまる20代女性が、人生が終盤に差し掛かって、崖っぷちなアラフィフのアナタと結婚しても、なんのメリットもないからです。まったく釣り合っていない結婚は、女性自身が心から嫌がるし、女性の親も兄妹も、友だちも同僚も、全員がその結婚に反対します。

結婚は「等価交換」だといわれます。

等価交換とは「等しい価値を相互に交換する」という意味で、**結婚相手はアナタと同じ価値の女性**になるという考え方です。ただ、婚活は出会いまではプロフィール上のスペック勝負な部分もあるので、自分の価値を上昇させるための工夫や努力次第でできることはたくさんあります。

自分の価値を上げるために、自分でできることには着手して、少しでも価値の高い女性と結婚をしよう、成婚を目指そうというのが本書の目的になります。

Point

アラフィフは20代女子とは絶対に結婚できません！

02 年齢差＝年収×100万分の1の法則

重視されるのは年齢、次に年収

日本人は歴史的にロリコン男性がたくさんいます。女性は若ければ、若いほど価値があるという考え方が蔓延しています。

たとえば、日本人男性たちは90年代のブルセラ流行では女子高生たちのパンツを買いあさり、社会問題となった「関西援交」など、未成年が出演する裏ビデオは飛ぶように売れました。いまもオタクコンテンツでは、処女性のある初々しい少女のキャラクターが鉄板です。

そんな国民性なので、結婚や恋愛をする女性は、若いほどいいとなりがちです。しかし、自分の欲望を全開にして、こぞって若い女性を求めても、恋愛や結婚は相手があってのことです。**若い女性にとってなんのメリットもないおじさんは、結婚や恋愛の対象にならない**のは当然、時間の無駄なのでお見合いすらできないのが普通です。

婚活で重要視されるのは、男性も女性も年齢です。男性は年齢の次に年収、女性は年齢の次に外見が評価対象となるのが一般的です。

では、婚活にあたって、いったい年齢差はどこまで許されるのでしょうか。

若い女性に走りがちな中年男性が、婚活で目指すことができる女性の年齢を測る目安としてよく使われるのは、「年齢差＝年収×１００万分の1の法則」です。婚活市場で男性は28歳〜30歳をピークにして、年収は高ければ高いほど価値があると判断されます。ピークアウトした31歳以降からだんだんと価値は低下して、アラフィフは婚活市場で最低スペックという評価となっています。

アナタが48歳年収５００万円だとしましょう。その条件で狙える女性は、43歳が限界ということになります。じゃあ、年収２０００万円だったら28歳を狙えるのかというと、そこは微妙です。**現実は年収＝年収×１００万分の１よりも厳しい**といえるでしょう。

婚活市場での価値は性別で優先順位は変わってきますが、男性も女性も、おおよそ外見×年齢×年収の表面的なスペックで測られます。年収は高いほどいいのは当然として、最も重要視される年齢は、若いほど価値が認められます。

28歳というもっとも人気がある年齢の女性が、どうして48歳年収５００万円のアナタを選ぶのでしょうか。仮に突出した外見があったとしても、加齢したアラフィフの外見は知れています。

この大前提の常識が、年齢と年収で劣るアナタが28歳と結婚するのは不可能だという理由です。

安心してください。**高望みが叶わないのは女性もまったく同じ**です。

たとえば38歳&派遣社員年収200万円&外見は年齢相応の普通という女性が、35歳&年収900万円&イケメンという高スペック男性を狙っても、まず相手にされません。その理由は、等価交換の原則からズレているからです。現実を見ることなく、高望みを続ける婚活女性は、誰にも選ばれずに取り残されてしまっています。

男性も女性も、婚活は年齢が若いほど有利です。それはおじさんになってしまったアナタも同じで、47歳よりも46歳、50歳よりも49

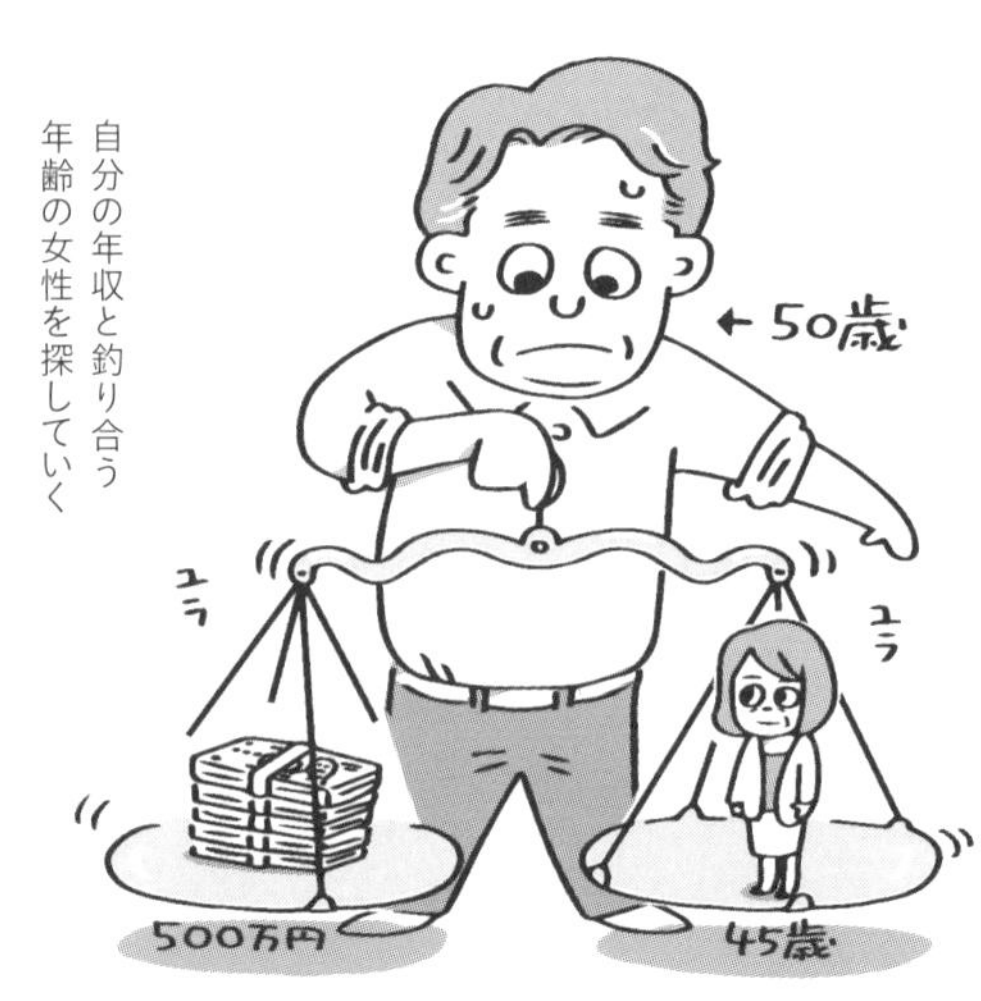

歳のほうが女性に選ばれる可能性は上がります。年齢が若いほど、相手の選択肢も広がり、成婚の可能性は高まっていくわけです。

なので、**自分自身の価値は、毎日減少している**事実は知っておきましょう。誰にも相手にされないまま、前期高齢者になって孤独死——みたいな取り返しのつかない悲劇を迎える前に、現実に地に足をつけて婚活を進めていきましょう。

夫婦の年齢差はどんどん縮まっている

夫婦の年齢差は、どんどんと縮まっています。

2020年人口動態調査（厚労省）によると、夫婦同年齢21・6%がトップ、夫が1歳上13・8%、妻が1歳上10・2%と、年近婚の比率は高くなっています。若い女性が好きなみなさんが気になるだろう夫7歳以上は全体の10・6%に留まり、データに出てこない夫20歳上は、本当に微細な数字だと思われます。

この現象は、結婚の等価交換の法則が機能していることに他なりません。

女性の社会進出によって男性への依存がなくなっている、男尊女卑、年功序列の劣化、世帯収入は共稼ぎが前提なので、女性が男性の目先の年収ではなく、人生の先を見越して現実を見ているということでしょう。

年功序列の梯子を外された40代後半の男性と結婚しても、大きな財産狙いでもなければ、女性にとっていいことはなにもないということです。財産狙いの女性と結婚しても、アナタに早く死んで欲しいのだから、アナタが幸せになるのは難しいわけです。

また**40歳を超えると、手つかずの初婚男性より、バツイチ男性のほうが成婚している**データもありました。40歳まで誰にも選ばれなかった売れ残った男性より、一度結婚に失敗した男性のほうを女性は評価していることになります。

離婚率は2005年をピークにしてだんだん減少していますが、まだ3組に1組が離婚という状況は続いています。未婚の男性だけでなく、バツイチ男性もライバルとなるので、生涯で一度も結婚したことのないアナタは、さらに厳しい苦境に立たされるわけです。

婚活にあたって、まずその現実を自覚することからはじめなければなりません。

「結婚はお金がかかる」という嘘

それと、お伝えしたいのは**「中年の結婚はお金がかからない」**ことです。

結婚について様々な調査やアンケートが行われています。未婚男性が結婚をしない理由として、「結婚後の生活資金が足りないから」が必ず上位に挙げられます。寿退社や専業主婦があたりまえだった親世代の影響からでしょうか、お金の問題で結婚を断念する男性が多いようです。しかし、中年の結婚にお金がかかるか?と問われれば、既婚者のほとんどはNOと言うでしょう。

人によりますが、中年の結婚で結婚式は必要ないでしょう。それと、結婚でとにかくお金がかかるのは子どもです。子どもにあまりにもお金がかかるので、若い女性たちは結婚相手に経済力を求めます。しかし、中年の結婚はシングルマザーの女性と結婚をすれば子持ちになりますが、相手が単身女性ならば子どものいない夫婦になります。

共稼ぎの二人世帯では、生活費を出してお互いで生活を支え合うのが普通です。単身世帯から二人世帯になって、世帯収入は2倍近くに上昇するので単純計算で収入は上がって、支出が減るでしょう。具体的に言うと家賃は少しの上昇、光熱費は減、食費は大幅減になるので、単身時代よりも生活はラクになるはずです。

また日本の税制、年金などの社会保障は、婚姻関係のある世帯を前提に制度設計がされています。

まず、年金制度では、会社員か公務員経験のある配偶者が亡くなって条件をクリアすれば、遺族厚生年金がもらえます。それと相続は、子どもがいない夫婦の場合、配偶者の遺産の3分の2を相続する権利があります。

さらに住宅を夫婦の共同名義で購入して分担して支払っていれば、団体信用生命保険によって配偶者のローンはゼロになり、自分が失業した場合、配偶者の扶養になれば扶養控除で税金優遇があります。失業したとき、妻の扶養になれば健康保険料や年金、住民税を支払う必要はないのです。

結婚はお金がかかると諦めていた人もいると思いますが、中年の結婚はお金がかかるどころか経済的にメリットだらけなのです。

Point

結婚はお金がかかるどころか、経済的にはメリットだらけ

03 いままで結婚できなかったのは自己責任！

「他責思考」はモテない男性の典型

アナタがいままで結婚できなかった、モテなかった、サエない人生しか送れなかったのは、すべて自分の責任です。これは肝に銘じましょう。

いままでの不遇を女性や社会のせいにしてしまうと、なにも変わりません。なにより人のせいにするのは、人から嫌われるので状況は悪化の一途となってしまいます。モテない未婚男性たちからよく聞くのは、「女の理想は高すぎる」「顔だけで中身を見ない」「金だけで判断する」みたいな恨み節です。自分ではなく相手が悪いという主張であり、これは醜い言い訳です。

男性は他責、女性は自責というのは、筆者がする貧困取材でも、その傾向があります。貧しい現状を貧困女性は自分のせいと自分を責めます。しかし、貧困男性は総じて社会が悪い、生まれた時代が悪いと他責にしがちです。

日本は男性優位社会が続いたので、実際は女性こそ自責ではないのですが、その意識は反対に振れています。繰り返しますが、いまの不遇な結果を、自分に非はない、相手が悪い、社会が悪いという考え方では、アナタがなにも変わることがないので間違った行動に気づくことができません。

アナタは不遇でも、同じような年齢、外見、年収で女性からモテ、幸せな家庭を築いて、何度も結婚する人はいるわけです。結果を出している人とアナタは、なにが違うのでしょうか。

物事には必ず理由や原因があります。**他責思考で現実から目を背けるのではなく、現実を知り、間違った行動に気づいて改善**していかなければなりません。逆にいえば、間違った行動を改善すれば好転するわけです。現実から目を背けて、人のせいにすると、女性だけでなく、同性からも嫌われます。モテないだけでなく、仕事もうまくいかなくなり、人間関係もどんどんと壊れて破滅しかねません。

人は年齢を重ねるほど老化して、体力は落ち、異性からはモテなくなります。アナタだけではなく、全員がそうなります。他責思考で改善を後回しにして、人のせいにして時間を無駄にするほど、結婚というゴールは遠のいていきます。

いままでの結果はすべて自分が悪かったと悔い、反省し、自分のマイナスや至らなかったことを受け入れて変えていきましょう、ということは言っておきます。

自己の理解、自分を知ろう！

モテなかったアナタは、自己を理解することが必要です。まずは外見です。**外見は自分の難点に気づけば、すぐに改善できる**ので、婚活の基本の基本になります。

スマホで自撮りを撮ってみましょう。

髪型、体形、肌、服装は、どうでしょうか。

しばらく美容室に行っていなくて、髪の毛がボサボサだったらすぐに整えましょう。理由はわかりますよね。髪型が整っている人とボサボサだったら、整っている人のほうが女性に安心感を与えてモテるからです。体型も、肌、服装も同じです。太っているより普通体型、張りのない肌よりピチピチした肌のほうが可能性は広がります。

外見だけではありません。婚活で女性に見られる要素は学歴、職業、年収、資産、将来性、人柄性格、家柄、住まいなど、**アナタにかかわるすべての要素が評価対象**となります。結婚は等価交換だとすると、これらの要素を改善すればするほど、選択肢が広がって成婚の可能性が広がってきます。

どこの会社でも、積極的に取り組んでいるＰＤＣＡサイクルはご存じでしょうか。計画を立てて（PLAN）、計画を実行（DO）、行動を評価して（CHECK）、改善して次回につなぐ（ACT）ことをしています。婚活も同じです。

たとえば、髪型だったら久しく美容室に行っていなくてボサボサだったことを自覚したとします。**問題解決のために、すぐに行動**しなければなりません。瞬時に美容院を予約、清潔感があって似合う髪型に変更します。そして、その姿をチェック。女性の反応を評価して、次回につなげるわけです。

自己の理解がないと、改善点を見つけられないのでスタート地点にも立てません。いままでの結果が悪いとすれば、なにかしら改善するべき間違った行動があります。自分がどうしてモテないのか、どうして結婚できないのか、それを理解して改善していきましょう。

面倒くさがってはいけません。未婚男性の死亡年齢中央値は67歳だと伝えました。**改善して結婚するのと、近い将来に死んでしまうのと、どっちが幸せでしょうか。**生きるか死ぬか、そんな究極の選択をモチベーションにしたら、すぐに行動を起こせるのではないでしょうか。

Point

現実を知り、問題解決のためにすぐ行動する

04 「自分はキモイかも」という自覚を持つ

アナタはもう若くはありません

アラフィフの男性はそれぞれですが、多くの方々は、自分はまだ若いと思っているのではないでしょうか。少し年老いた自覚はありつつも、学生時代や青春時代はつい昨日のことで、自分にはまだ未来があり、恋愛も結婚も、いつでもできると思っているでしょう。

しかし、社会はどんどんと先に進んでいます。

アナタが若くて、渡辺美里のマイレボリューションやプリンセスプリンセスのダイアモンドに心を躍らせて、夢があり、未来にあふれていたのはもう数十年前のことです。それから長い月日が流れて、**アナタは年齢を重ねて、後のない中年になってしまいました。**

今日も誰かが死んで、誰かが生まれて日々年齢を重ねています。先に生まれた者が老いて古くなり、未来の可能性が縮まるのは自然の摂理です。時代は日々先に進んでいるわけです。

いまインターネット上でも、繁華街でも、中心はＺ世代です。Ｚ世代とは１９９６年以降生まれの、20代後半以下の若者たちのことを指します。

アラフィフのバブル世代や団塊ジュニアの中年男性は、彼らの親世代になります。いまの若者たちは親世代に敬意を払うどころか、一切興味ないし、むしろ嫌っています。嫌う理由は、過去のように古い世代や権力層への反抗みたいなことではありません。

年功序列の梯子を外された我々の世代に対して、若者たちはなにも価値を見出せないだけでなく、醜いし、古いし、偉そうだし、セクハラとパラハラするし、無意味な自分語りや説教をするし、若い女性を追いまわしているし、とにかくウンザリといった状況です。


Z世代たちのそのネガティブな意識の原因が、年功序列の梯子を外されたことだけなら、まだ救いがありました。しかし、**アラフィフの中年男性たちはネガティブな要素が重なりすぎています。**

非正規労働者で賃金が低く、貧乏なおじさんがたくさんいて、男尊女卑や年功序列などの昔の慣例を引きずっています。2ちゃんねる世代なのでインターネットの掲示板やSNSで誹謗中傷をまき散らして、現在進行形でわが物顔で若者たちの足を引っ張っています。リアルでも、年功序列の価値観を持ちだして偉そうに説教するような人物が散見されます。とにかく最悪なわけです。

そんな厳しい背景があるのに、恋愛や婚活市場では、まだまだ自分は若いと勘違いしたアラフィフ中年男性が平気でZ世代の女性に求愛しています。「おじさん、勘違いするのをやめてほしい」という苦言や苦情が後を絶たない現状があるのです。

現在、アラフィフの中年男性は最悪な状況に立たされている、といっていいでしょう。若者や女性たちの評価は大変厳しいので、**「ありのままの自分」では婚活は戦えない**ことを知りましょう。

自分を変える、人生を変える、という強い意思を持って、失敗をおそれないタフさ、膨大にある間違った行動の気づきとその改善、結婚という目的達成のために諦めない行動力が必要なのです。

「おぢ」と呼ばれていることを知っていますか？

いま歌舞伎町界隈で、中年男性は若者たちに「おぢ」と呼ばれて、嘲笑と搾取の対象になっていることはご存じでしょうか。

高齢者優遇、シルバー民主主義が行き過ぎたことで、若者は経済格差のババを引かされています。真面目な女子大生たちは学費納入に追われて、卒業しても非正規雇用や年功序列の下流に位置する低賃金で、自己肯定感を高めようがなく、未来が望めません。心が満たされない量産された自己肯定感の低い女の子たちは、ホストや地下メンズアイドルに精神的な救いを求めて、彼らに大きなお金を要求されているという現実があります。

そこで若い女の子たちが目をつけたのが、未婚で底なしの寂しさを抱える生涯未婚のおじさんです。生涯未婚率が急上昇しているので、寂しい中年男性は歴史的に前例がないほどの膨大な人数になっています。若者たちは寂しい中年男性のことを「おぢ」と呼んで、戦略的に優しく接して恋愛したフリをして、お金を引っ張る恋愛詐欺が大流行しているのです。

筆者はいま、必死に若い女性を諦めるように、みなさんを説得していますが、多くの未婚中年男性たちは**「自分だけは若い女の子と付き合えるのではないか、あわよくば結婚できるのではないか？」と、叶わない夢を見ています。**

そんな妄想をしている男性があまりに多いので、若い女性は「だったら、おぢ（おじさん）から金を引こう」という考え方になっています。

恋愛詐欺目的の女の子たちは、マッチングアプリや風俗店に勤めておぢを待ち構えています。やってきたら積極的に会話を交わしてＬＩＮＥ交換、徹底的に優しくして相手に恋愛感情を抱かせます。孤独なおじさんにとって、ずっと夢を見ていた若い女の子です。優しくされてすぐにガチ恋状態になって、その女の子に心からハマってしまうのです。

女の子たちは恋愛感情がピークに達したおじさんに、ありもしない学費や生活費をねだったり、肉体関係があったならば「妊娠しちゃった」などと嘘をついて、おじさんが出すだけお金を引っ張ります。**夢も、学費も、お母さんの病気も、妊娠も嘘です。**最悪なケースだと、おじさんは親から相続した家を売ってまで女の子に貢ぐそうです。

金の切れ目が縁の切れ目とはよくいわれます。女の子たちはおじさんにお金がなくなったり、疑ってお金を出し渋るようになれば、着信拒否とブロックで即縁を切って新しいおじさんを探します。若者たちのなかで**中年男性は、恋愛対象どころか、獲物や搾取対象でしかない**のです。

ここで現実をお伝えしましたが、彼女らと恋愛が成就したり、結婚したりできることは万が一にもないので、その現実は知っておいてください。

Point

若者とおぢは「お金の関係」でしかありません！

05 プライドを捨て、自慢話するのをやめよう！

年功序列社会はすでに崩壊しています

筆者は女性を取材するライターなので、日々その声は届いてきます。恋活、婚活、パパ活をする女性から日常的に聞くのは、「おじさんは自分の話ばかりする」「おじさんは自慢話する」という嘆きです。

女性に対して自慢話をして、婚活が成功することはありません。ここまで中年男性が置かれる惨状を説明してきましたが、自慢話は当然、自分の話も今日限り、やめるべきです。

では、どうして、おじさんは女性に執拗に自分の話や、自慢話をしてしまうのでしょうか。理由はいくつか考えられます。

一つは、旧態依然な男尊女卑や年功序列の意識があるからでしょう。男は偉い、男は優れている、男が優先されるべきみたいな意識が根深く残る中年男性をよく見かけます。子どもの頃から刷り込まれた男尊女卑の意識があるので、無意識に思わず女性に自分の話や自慢話を披露してしまうのでしょう。

50歳以上の男性が長年に渡って作りあげた日本の男尊女卑や、男性優位社会は、みなさんが思っているより深刻です。近年は国際的に批判され、毎年発表される世界経済フォーラムのジェンダーギャップ指数は146か国中125位（2023年）、先進国のなかでは最悪な数字となっています。

ジェンダーギャップは大きな課題となって、数年前から男女共同参画、男女平等の取り組みは急速に進められています。もはや、その古い感覚が残るのはアラフィフ以上の中年男性や男性高齢者だけ、という状況です。婚活の相手は女性です。アラフィフ中年男性が婚活するにあたって、まず長年培われた**男尊女卑の意識をリセットして、自慢話や先輩風を吹かせることは封印**しなければなりません。

みなさんが女性にモテるためには、大前提として口をつぐむ必要があるのです。

変えなければならないのは、男尊女卑だけではありません。

おじさんは年功序列の意識が根強く、年齢が上で社会経験がある先輩である自分が、女性や若者に教えてあげようみたいな傲慢な意識があります。頼りがいがある年上の自分は、若い女性にモテるはず、という大きな勘違いをしている人もいるくらいです。

残念ながら年功序列をなくすことは、先日、閣議決定されました（経済財政運営と改革の基本方針2023）。日本から近々に、**年功序列も終身雇用も消滅します。**アラフィフの男性は、これから年功序列の上に立つというとき、梯子を外されました。こうなると社会的な地位も、これまでの社会経験も奪われたのも同然で、もう若い世代に語ることはなにもありません。おじさんたちにとってはあまりに厳しい急激な変化ですが、早急に現実を受け入れ、年功序列のない謙虚な心を育む必要があるのです。

どんなに年齢差があっても、**女性や若者に対して上から目線で教えを説いたり、説教したり、昔話や自慢話するなど、もう言語道断な行為**だということです。

中年男性は社会的弱者だと意識する

放置しておくと自分の話や自慢話をするアラフィフのおじさんは、プライドが高く、承認欲求が強いのでしょう。この波乱の時代に中年になってしまったアナタはなにも偉くない、どちらかというと弱者なので**プライドは捨てましょう。**

年功序列と終身雇用がなくなると、会社の肩書きも認められません。アナタが大切にしてきた会社の肩書きも、一歩外に出たら通用しません。特に女性たちにとっては心からどうでもいいことです。年功序列、終身雇用をなくすというピンチをチャンスと思って、婚活をきっかけにプライドを捨てて意識を変えてください。

一度、**自分自身は醜い、モテない、イケてない、若い世代から嫌われるおじさんであることを受け入れる。**そして、社会的弱者であると強く自覚して、間違っている行動や意識をあぶりだして一つ一つ改善していく。そういうメンタルになりましょう。

いらない承認欲求とプライドを捨てられず、自分の話や自慢話をして女性に嫌われるより、心を入れ替えてモテる自分に変わったほうが全然いいと思いませんか。

この章では、いろいろ言ってしまいましたが、これが令和のアラフィフおじさんの現実です。現状維持して未婚のまま周囲にウザがられるより、好かれる自分になって成婚の可能性を広げたほうが全然いいと思いませんか。

Point

男尊女卑や年功序列の意識を消去して、謙虚になる！

第一章まとめ
CHECK!

- ☑ 20代の女性と結婚することを諦める
- ☐ 相手との年齢差は年収×100万分の1以内に
- ☐ 中年の結婚は経済的に大きなメリットがある
- ☐ まずは自分の外見を知って改善する
- ☐ 自分はキモイかも、と自覚する
- ☐ 女性に自慢話をするのをやめる！

第二章
マザコンを卒業して親の介護を放棄する

06 45歳のキャリアウーマンを狙う

アラフィフ女性のことを知ろう！

婚活をする前にアラフィフ女性のことを知っておく必要があります。

いま、アラフィフの未婚女性はキャリアウーマンが多いといわれています。多くの女性は結婚や出産どころではなく、働く道を選んだからです。

これから婚活をするにあたって、どのような女性を狙っていくかは重要なポイントです。さっそく結論から言うと、アナタは**同年代の正規職に就く未婚のキャリアウーマンか、離婚経験のあるシングルマザー**を狙っていくことになります。

平成時代からはじまった自由恋愛の風潮、非婚、晩婚化のパラダイムシフトで、多くの女性が結婚という道を選ばなくなりました。その結果、出生数が大台の80万人を割る深刻な少子化となったのです。このまま少子化が進行すると、国力が低下して、社会保障は立ち行かなくなるといわれています。

言い方を変えれば、アナタがどんなに困ったとしても、助けてくれる制度がなにもなくなるかもしれないのです。それが２０４０年問題です。

この深刻な事態を生んでしまった根本的な原因は、人口のボリュームゾーンである団塊ジュニア（1971年〜1974年生まれ）の非婚が進んだことでした。

生涯未婚率は戦後ずっと男性は１〜２％、女性は１〜４％を推移していました。しかし、みなさんが結婚適齢期を迎えた２００５年から極端な上昇がはじまりました。２０２０年には男性28・3％、女性17・8％と、昭和時代と比べると考えられない領域までの悪化です。

この傾向は継続して、将来的には男性30％、

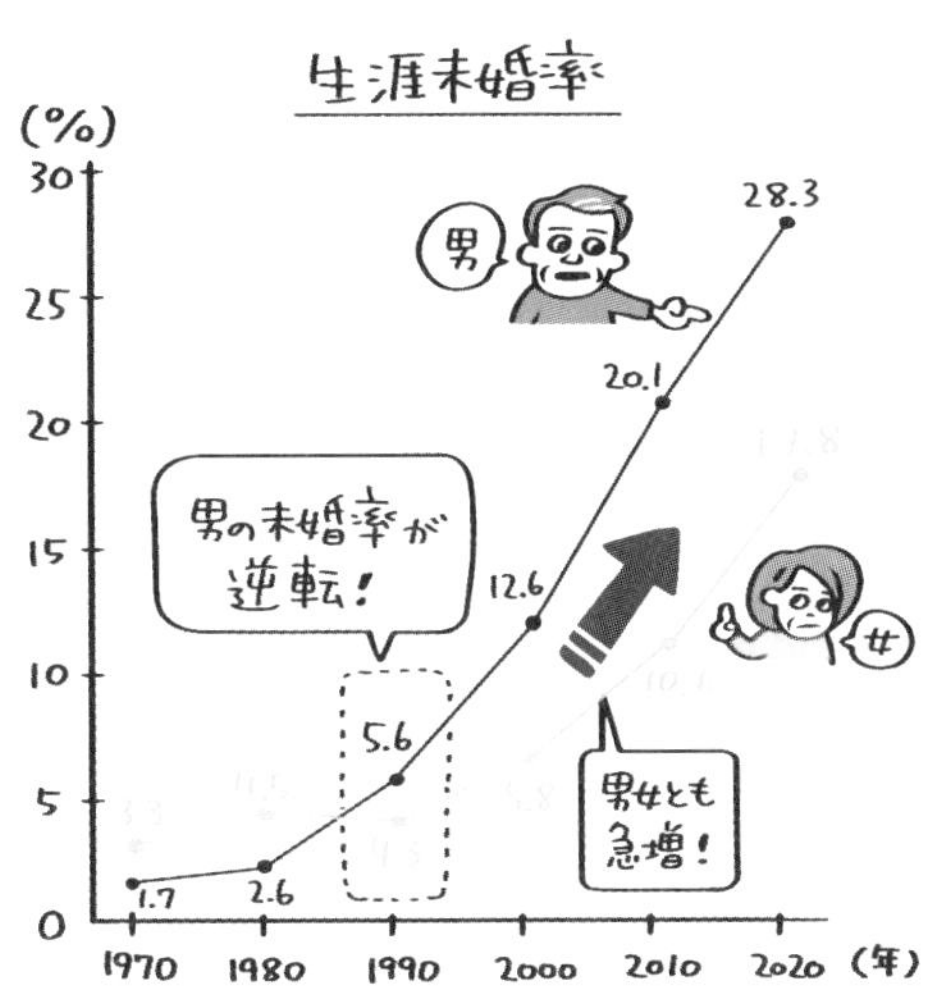

「令和４年版少子化社会対策白書」（内閣府）を元に作成

女性20％に到達するだろうといわれています。アラフィフの女性たちが結婚をせず、子どもを持たなかったことが少子化という国を揺るがす事態となったのです。

アラフィフの女性たちは、アナタがこれから婚活するときにターゲットにする層です。これから婚活するにあたって、アラフィフのアナタがいままで結婚をしなかった、できなかった理由、女性たちが結婚をしなかった理由、子どもを産まなかった理由を知ることは必須の知識となります。

団塊ジュニアは悲運な世代であることが、令和になって様々な識者から指摘されるようになりました。1学年が200万人を超えて、受験戦争が激しく、やっと大学を卒業しても、深刻な就職氷河期と重なりました。進学、就職で激しい競争を強いられ、脱落した者をケアすることなく、負けた者は非正規雇用の貧困者に落として低賃金で働かせました。

団塊ジュニアが社会に出てから勝ち組と負け組の格差は広がって、男性も女性も結婚どころではなくなったのです。アラフィフのみなさんは**格差社会の第一人者**なのです。競争に負けた男性の低賃金労働者は自分の生活を支えるだけで精一杯、経済的な理由でとても結婚はできません。一方、勝ち組の女性は、男性と同じように働いたので結婚どころじゃなくなりました。気づいたら男性も女性も、「結婚や出産は贅沢品」という時代となってしまったのです。

団塊ジュニアの結婚適齢期は90年代半ば~00年代前半でした。

本来ならば多くの国民が適齢期に結婚&出産し、第三次ベビーブームを迎えるはずでした。しかし、おもに経済的な理由による非婚化によって出生数は減るばかりで、多くが結婚という道を選択しなかったことで、生涯未婚率が昇竜拳のように急上昇することになったのです。

この国を揺るがす重大な分岐点で、人口のボリュームゾーンである団塊ジュニアを国がケアしていれば、日本はいまのような深刻な状況に陥ることはなかったはずです。ケアとは企業に新卒採用を促して就職氷河期を回避するとか、非正規労働の制度を回避して若者の良質な雇用を維持する、みたいなことです。

しかし、その分岐点に国は徹底した新自由主義に走りました。新自由主義とは経済合理性や利益を優先し、政府の市場介入は最低限にするという考え方です。人口のボリュームゾーンである**団塊ジュニアが社会に羽ばたいた途端、雇用の非正規化をはじめ、低賃金やブラック労働が蔓延。**いままで地域や社会が介入した結婚も自由化して、結婚しない人、できない人が激増して悪化がとまらないまま現在に至っているのです。

筆者も経験しましたが、団塊ジュニアを直撃した2000年代半ばから2015年くらいまでのブラック労働はすさまじく、企業は非正規労働者を徹底的に安く長時間使い倒しました。もう、**男性も女性も疲弊し、結婚どころではなくなってしまった**のです。

現役世代に厳しい鞭を打つだけでなく、さらに高齢者大国をつくろうとしました。政府肝いりのゴールドプラン（高齢者保健福祉推進10ヵ年戦略）や、団塊の世代が後期高齢者になる2025年問題を大きく掲げ、介護保険制度の整備などを進めました。高齢者を幸せにするための増税もとまらなくなり、若者たちはとても結婚や出産どころか、最低限の生活をすることも怪しくなっていったのです。

アラフィフの人々は無限の競争、無限の増税を強いられ、負け組は転落、女性たちは非婚、未婚のまま仕事を続けました。そして、異次元の少子化、国家の持続が危ぶまれる人口減少の現在を迎えてしまったことになるのです。

もう、おわかりでしょうか。

アラフィフの結婚しなかった、結婚できなかった男女のタイプは正反対なのです。競争を強いられた女性は社会進出し、頑張って働いたことで結婚どころではなくなり、彼女たちの多くは年収の高いキャリアウーマンとして生きています。いわゆる「おひとりさま」女性として現在を迎えています。

一方、**結婚できなかった未婚男性は競争に負けた非正規労働者や低賃金労働者が中心**で、年収は低く、いわゆる非モテという層の人々です。モテない男性が未婚として余り、自立することができない「子ども部屋おじさん」や、女性から排除される「中年童貞」という絶望的な人々も激増しました。

正規と非正規、高年収と低年収と、階層の違う男女がマッチングしなかったことが、アラフィフの生涯未婚率が過去に前例のない水準で爆上がりする理由なのです。生涯未婚率の上昇には、そのような背景があるのです。なので、これから婚活をはじめるアナタは、**同年代のキャリアウーマンか、もしくは結婚に失敗したバツイチ、またはシングルマザー**を想定しながら婚活を進めていくことになります。

ターゲットにする女性を人口動態で探る

前章でアラフィフの中年男性が若い女性を狙うのは不可能だと伝えました。

その事実は、人口動態からも説明ができます。アナタがあわよくばと狙う結婚適齢期の28歳女性は、平成25年（1995年）生まれになります。いったいどれくらいの人数がいるのか、出生数を見てみましょう。

平成5年（30歳）　118万8282人

平成6年（29歳）　123万8328人
平成7年（28歳）　118万7064人
平成8年（27歳）　120万6555人

現在、結婚適齢期の年代は、男女合わせて120万人前後の出生数となっています。一方、人口のボリュームゾーンと呼ばれるアラフィフはどれくらいの人数がいるでしょうか。

昭和50年（48歳）　190万1440人
昭和49年（49歳）　202万9989人
昭和48年（50歳）　209万1983人
昭和47年（51歳）　203万8682人

20代後半とアラフィフでは、人口が1・7倍～1・8倍も違っています。人口動態から見ても、人生が終盤に差し掛かったアラフィフの中年男性が数の少ない20代女性を狙うというのは無謀なわけです。

婚活はたった1人を探す活動です。多くの中年男性は頑張って婚活をすれば、いままで埋もれてきた自分のことを見つけてくれる女性がいるだろうと妄想をしがちですが、残念ながら若い女性には基本的に相手にされません。

いままで母数の多い同年代から相手を見つけることができなかった男性が、数の少ない20代女性から相手を見つけるのは不可能だということです。

アラフィフ男性の婚活は、もう後がありません。このラストチャンスを逃したら、すぐにアラカンとなって、もう孤独死するだけとなります。これから取り組む中年婚活は人口が多く、時代のパラダイムシフトによって**結婚をしなかった、できなかった女性がたくさんいる同年代から探す**のが鉄板となります。

Point

婚活のターゲットは同年代の結婚できなかった女性！

07 子どもを諦めて、家を出る

親の「孫の顔が見たい」は、「諦めろ！」と一喝する

ここまで若い女性を狙うのは断念するように説得してきました。

しかし、婚活の現場では「結婚するなら20代！」というアラフィフ男性たちがどうしても膨大に存在して、どれだけ説得しても、全員が諦めてくれることはないでしょう。

20代を狙うアラフィフ婚活男性たちの存在は、求愛されて迷惑する20代女性の当事者だけでなく、結婚相談所の悩みの種で、YouTubeには**勘違いする中年男性に対しての嘆き**や無理だ、不可能だと説得するコンテンツがたくさんあります。

20代を狙うアラフィフ男性は、女性をアクセサリー感覚で見ている、ロリコン、成長していない未成熟、自分はまだまだ若いという勘違いなどなど、様々な理由が存在します。そのなかでもっともらしい理由が「子どもが欲しいから若い女性と結婚したい！」ということです。いまさら、なにを言っているのでしょうか――筆者はため息がもれました。

たとえば、年収５００万円のアナタが50歳でまだ子どもが欲しいと願っていたとしましょう。子どもを諦めないのは、まだ生きている70代後半の母親が「死ぬまでに孫の顔が見たい」と懇願していることが理由だとします。

結婚も出産も、相手があってのことです。

どんなに子どもが欲しくて若い女性を狙っても、アナタの婚活の対象となるのは、年収による法則で50歳－５歳（５００万円）なので45歳が限度となります。女性の45歳となると、卵子が老化して妊娠しづらく、不妊治療の保険治療も対象外となっています。幸運に妊娠したとしても流産の可能性が高まり、**45歳の女性が出産するのは命がけ**の厳しい現実があります。

ここで、そもそもを振り返ってみましょう。子どもを諦めないと主張するアナタと、孫の顔が見たい母親は、いったい息子が50歳になるまで、なにをしていたのでしょうか。まず、アナタが結婚しなかったのは経済的理由とか、束縛されたくないとか、ひとりで自由で気楽でいたかったとか、そんな理由でしょう。そうやってモラトリアムを選択し、膨大な無駄な時間を過ごしたアナタが、**いまさら子どもが欲しいなんて騒いでも遅すぎる**のです。

アナタは子どもが欲しいなら、20代～30代前半の結婚適齢期に、必死に相手を探して頑張って生きるべきでした。ひとりのほうが気楽とやるべきことを先送りして、モラトリアムを存分に満喫し、25年も経ってから子どもが欲しいと言いだすのは、あまりに都合がいいのです。
残念ながら子どもは諦めましょう。

アラフィフは核家族第一世代なので、一人っ子で家系が途絶えるみたいなこともあるかもしれません。もう、それは仕方のないことです。**子どもには縁がなかったと割り切りましょう。**25年間もやるべきことを放置して、取り返しのつかない50歳になってしまったのはアナタとアナタの両親の自己責任です。やるべきことを放置した、アナタ方が悪いのです。

なので、アナタの母親が「死ぬまでに孫の顔が見たい！」と言っているのであれば、強い口調で「諦めろ！」と一喝してください。そして、子どもを諦める取り返しのつかない結果に対して、アナタは**自分を責めるべきではありません。**

婚活によって同年代のパートナーを見つけて、早死にや孤独死を回避し、残りの人生を幸せに穏やかに過ごせばいいのです。

マザコンを卒業しよう！

もう一つ、母親に「孫の顔が見たい！」と懇願されて、アラフィフになって結婚を意識したアナタはマザコンの可能性があります。マザコンとは母親への依存心が強い人のことをいいます。アラフィフになって、まだ精神的に自立ができていなく、心は子どものままで、なんでも母親に相談したりして母親の意見に左右されていないですか。

アナタがもしマザコンだったら、婚活を機会にマザコンは卒業してください。

理由は**母親に依存して自立していない男性はモテない**し、他人から見ると気持ち悪いからです。女性から結婚相手に選ばれることもないでしょう。アナタにとって母親は大切な人であっても、他人である女性はアナタの母親のことには興味がありません。仮に結婚をしても、義理の母親とはかかわりたくないというのが女性たちの普通の感覚です。

アナタが結婚相手に自分の大切な母親を、夫である自分と同じように大切に思ってくれる人みたいな条件をつけていれば、すぐに取り下げてください。親を大切にすることは世間体がいいので、表面上はアナタの希望に賛同するような反応をするかもしれません。しかし、女性たちはマザコン男性のことは嫌いなので、マザコンを疑われたら、すぐに切られます。マザコンはモテない、**他人である女性はアナタの母親のことは一切の興味がない、**その現実は理解しておきましょう。

結婚は本人同士ではなく、家族と家族がつながることといわれます。しかし、子どもが望めないアラフィフの結婚に、家族同士のつながりは必要ありません。これまで自立して生きてきたアラフィフの未婚女性は、家族のつながりみたいなことが鬱陶しくて結婚を避けてきた人も多く、アナタのマザコン的な意識や過剰な母親へのこだわりは、婚活ではマイナスにしかなりません。

親を大切にしている、家族を大切にしている、母親と仲がいいなどなど、マザコンが疑われる言動はすぐにやめましょう。そして、母親ともっと距離を取りましょう。結婚することは、新しい世帯をつくっていくことです。**精神的にもっと自立する必要がある**のです。

アラフィフの結婚には親の承諾も必要ありません。母親に相談することなく、相手は自分自身だけで決めて、入籍後に結婚報告する程度で十分です。

最低スペック「子ども部屋おじさん」

みなさんのなかに、「子ども部屋おじさん」はいらっしゃいますか?

子ども部屋おじさんとは、実家の子ども部屋でおじさんになっても暮らしている人のことを指します。残念ながら**子ども部屋おじさんは最悪で、婚活では許されない肩書き**です。

アラフィフで子ども部屋おじさんとなると、生まれてから半世紀も親と同居していることになります。50年間も親に依存して暮らすことは、誰かに評価されるポイントはなにもありません。「親を大切にしてきた！」「家族を大切にしてきた！」と言い訳しても、マイナス評価しかないので**圧倒的にモテません。**

アラフィフの両親は昭和10年代生まれか、団塊の世代でしょうか。男尊女卑、家父長制が常識の昭和の感覚の両親とずっと一緒に暮らしているので、アナタは結婚に対する感覚が古く、女性が嫁ぐみたいな錯誤な意識があるかもしれません。

昭和の古い感覚を真に受けて、**「嫁は専業主婦があたりまえ、あわよくば嫁に両親の介護をさせよう！」なんて思っていませんか。**もうすぐ介護が必要になる両親は、嫁に介護をしてもらったら、虐待が常識の介護施設に閉じ込められることもなく、それはありがたいでしょう。でも、そんな都合がいいことは、令和の時代にいくら望んでも実現することはありません。

アラフィフの女性で現在未婚なのは、高学歴で高収入な自立した女性が中心です。とすると、子ども部屋おじさんというだけで、アナタとはあらゆる価値観が合わないでしょう。

婚活のお見合いで、相手の女性にその事実を伝えたとき、きっとため息をつかれながら、軽蔑の目で見られることかと思います。子ども部屋おじさんのアナタと会話するのは時間の無駄なので、お見合いを即打ち切りされることもあるでしょう。

結婚は男性と女性が一緒になって合算し、新しい世帯をつくることです。他人同士が一緒になるので、**アナタが相手に合わせるか、相手がアナタに合わせるか**選択を迫られます。

両親に依存してきた子ども部屋おじさんのアナタが、自立する結婚相手に親との同居を望んだとして、どんな女性がその条件に頷くと思いますか。筆者にはまったく想像がつきません。なにが悲しくてこれまで自立して生きてきた女性が、知らないヨボヨボの高齢者と同居して、介護要員扱いされなければならないのでしょうか。

アナタは子ども部屋おじさんを卒業する。自立する。結婚をするためには、この選択肢しかありません。

アラフィフという年齢だけでも最悪なのに、さらにマザコンの疑いがあり、世間から子ども部屋おじさんと揶揄されるスペックで、結

婚活には思い切った決断も必要

婚の条件が自分の親との同居となると、もう手に負えません。残念ながら死ぬまで婚活を続けても、お相手が見つかることはないでしょう。海を越えてアジア全土で女性を探しても、おそらく頷く女性はいないのではないでしょうか。

取るべき行動は一つ、勇気を出してすぐに実家を出ることです。

経済的に厳しくても、生活が厳しくても、ひとりの生活が不安でも、実家を出て自立することです。子ども部屋おじさんから一刻も早く卒業しないと、**結婚どころか大人としてのスタート地点にすら立てません。**

長年依存してきた親は、近いうちに死にます。死んでしまう親より、これからの生活を一緒につくっていく、婚活で出会う結婚相手のほうが大切な人です。アラフィフの婚活男性には、これから探す結婚相手は、散々お世話になった**親よりも大切な人、優先するべき人**という意識は絶対に必要です。

Point

親への依存を断ち切り、いますぐ実家を出て自立する！

08 親の幸せより、自分の人生のほうが大切

2040年問題、悲惨なアラフィフの老後

アラフィフのみなさんは、親の団塊の世代は徹底的に優遇されて、みなさんが該当する団塊ジュニアや氷河期世代が、徹底的に不遇なことは自覚されているでしょうか。これから婚活するにあたって、親の介護の問題は避けて通れません。

みなさんの親は、昭和10年代生まれから団塊の世代です。年齢にすると70代後半から80代です。

日本が長年に渡って極端な高齢者優遇、団塊の世代優遇の国づくりを続けているのは、みなさんご存じだと思います。具体的には団塊の世代が後期高齢者となる2025年問題でしょうか。2025年を目安に高齢者大国をつくるために、1990年からゴールドプラン（高齢者保健福祉推進10ヵ年戦略）を開始して、社会で高齢者を支える介護保険制度がつくられました。

高齢者の介護が民営化されたことで、2000年代は福祉のムーブメントが起こりました。し

かし、結果として残ったのは、現役世代の人生を潰して高齢者に奉仕をさせる低賃金ブラック労働と、結婚できない貧乏なおじさんでした。未婚化、家庭崩壊、精神疾患、中年童貞などなど、現役世代に悲惨な副作用を起こしています。

人口のボリュームゾーンであるみなさんが20代のときに、高齢者優遇ではなく、現役世代に目を向けた少子化対策をしていれば、順調に第三次ベビーブームが巻き起こり、現在のような悲惨な少子高齢化を迎えることはなかったはずです。いまはみなさんが前期高齢者となる2040年問題が叫ばれています。現在のような社会保障の持続は無理だろうことと、社会が単身世帯だらけになる異常な孤独社会が予測されています。

みなさんの老後は、親世代とは大きく変化し、悲惨な末路が決定しているのはご存じでしょうか。2022年の出生数は80万人を切り、みなさんが高齢者になる頃には支える現役世代がいなくなります。

人口のボリュームゾーンであるアラフィフが前期高齢者になる2040年、すべての社会保障が機能しないのではないか？と予測されています。追い打ちをかけて相続税と退職金の大増税の検討、年金は受給開始年齢の引き上げと減額の検討、介護は要介護1と2を保険から外して、もう介護を受けさせない動きがはじまっています。アラフィフは単身世帯で孤独に耐えながら、有事にも介護どころか、医療も受けられるか微妙という状況なのです。

そのような過酷な未来が予測されているなかで、**唯一のセーフティネットは家庭**といわれています。自助、共助、公助の「自助」に該当する部分で、苦しくても自分でなんとかしろという考え方です。社会保障が機能停止する可能性が高いアラフィフのみなさんは、このまま単身で生きて哀れに孤独死するか、いまのラストチャンスに結婚して誰かと支え合うかの選択を迫られているのです。

親の介護は放棄しよう!

みなさんのなかにも、すでに親の介護をする人、これからの親の介護が不安な人はたくさんいるでしょう。**男性の寿命－健康寿命は、おおよそ9年**といわれています。

未婚のアナタが近い将来に9年間も費やして真面目に親の介護をしたとすると、最終的に介護から解放されるのは60代半ばでしょうか。未婚男性の死亡年齢中央値がデータ通りに67歳とすると、アナタは親の葬儀が終わって数年以内に亡くなるか、親よりも早く死んでしまうことになります。

結婚も、出産も、年金ももらえぬまま死んでしまう、そんな残念すぎる未来が現実となる可能性が極めて高いのです。

ここで筆者の提案は「親の介護を放棄しよう！」ということです。

理由はいくつもあります。まず一つは、将来アナタと結婚する女性は義父義母の介護は絶対にしたくないということです。**義父義母の介護を積極的にしたい、献身的に貢献したい女性はいません。**いくら探してもいないはずです。

民法上の介護義務は直系の血族です。婚活で女性に「義父義母の介護はしなくていい」と伝えるのは、結婚の最低条件でしょう。親の介護の話をした瞬間にフラれるはずです。筆者が伝えたいのは、**自分のための結婚か、自分の未来を潰しての親の介護か**の選択を迫られたとき、真っ先に結婚を選ぶべきということです。

親の介護を放棄するべき理由の二つめは、アラフィフで未婚のアナタより、親が徹底的に恵まれてきたことです。高度経済成長を生きた団塊の世代は、真面目に働けば、誰もが結婚をして家庭を持って、年功序列の社会のなかで豊かな生活を謳歌できました。生涯未婚率は１％台、消費税はなく、国立大学の授業料も年間１万２０００円と安価でした。

それだけではありません。団塊の世代の男性は女好きでも有名です。「（男は）飲む、打つ、買う！」などの自分勝手な格言を掲げ、アルコールを浴びながら風俗遊びに勤しみ、享楽的な生活を満喫してきました。

『金曜日の妻たちへ』に影響されて家庭を顧みずに不倫に狂い、会社では男尊女卑を根拠にセクハラとパワハラ三昧で、女性に肉体を売らせる風俗産業や、出演強要が大きな社会問題となったアダルトビデオ業界を活性化させたのも団塊の世代です。

そんな享楽にまみれて恵まれ尽くした親を、徹底的に不遇を強いられて結婚すらできなかったアラフィフのみなさんが身を削って介護する必要があるのか？という、平等の原則を根拠とする疑問です。


理由の三つめは日本全体で2025年問題などと戦略的に騒いで、徹底した高齢者優遇を貫いたことで介護保険制度ができたことです。これからの未来を担う現役世代の生活や、少子化問題を後回しにして、高齢者を優先したことで介護保険制度が整いました。

介護業界や都道府県は「（介護の仕事は）やりがいがある」「夢がある」「社会貢献」などなど、適当なキャッチフレーズを並べて末端で低賃金労働する介護職たちを集めています。官民をあげて介護労働者を洗脳したことで、どこの地域にも「介護をしたい！」「献身的に奉仕をしたい！」という奇特な人々が存在しています。

親の介護は、義理の娘である嫁は放棄、介護義務のある血縁者であるアナタも、介護をしたい**介護労働者に全部任せてしまえばいい**のです。要介護高齢者はひとりでは生きていけないので、介護者がいなかったら死んでしまうかもしれません。介護保険制度では十分な介護にはならないかもしれません。でも、それでもいいのではないでしょうか。

まずは両親に老々介護を頑張らせて、そして介護保険をフル活用して介護をしたい介護職に任せる。それでも生活ができなくて、**親が死んでしまったらそれは仕方がないと割り切る、**という考え方です。

これまでの人生も、未来も不遇が決定しているアラフィフは、親の幸せな終末期より、自分自身の人生のほうが大切という意識が絶対に必要です。親のために未来の妻に介護をさせる、介護離職などは言語道断の愚行だといえます。

親の介護はやりたい人にお任せする、介護が十分ではなくて死んでしまったら、親の自己責任――それでいいのではないでしょうか。

Point

親の介護はやりたい人に任せましょう！

09 「結婚したくない女性」は誰ですか？

アラフィフ男性は女性を選べる身分ではない！

ここまで現実を説明してきましたが、残念ながらアラフィフの男性は**理想の女性とは結婚できません。**その現実はわかってもらえたでしょうか。

アナタが思っていそうな理想の女性とは、ルックスは可愛い、もしくは美人。性格は優しい。頼りがいのある年上好き。初婚。28歳。清楚で育ちがいい。料理好き。義父母の介護は頑張りたい。座右の銘は「良妻賢母」。みたいな感じでしょうか。そんな女性は生涯をかけて婚活に奔走しても、きっと見つかりません。

決して叶わない理想を追っている間に、膨大な無駄な時間が過ぎて寿命が迫るアラカンになってしまった、みたいなことになりかねません。取り返しのつかない最悪な結末を避けるためには、**幅広い女性をターゲットに**狙っていかなければなりません。現実に足をつけて、成婚の可能性がありそうな女性を探していくことです。

ということで、ここで**理想の女性ではなく、絶対にNGという女性**を決めてください。結婚したい理想の女性ではなく、結婚したくない女性を割りだして婚活対象の女性の狙いを絞っていきます。

年収の法則で計算した限界年齢以上のすべての婚活女性－アナタが決めたNGな女性＝アナタの婚活対象の女性

これが、これからアナタが探していく結婚対象の女性になります。

筆者は2020年末に婚活すると決めたとき、まずどのような女性が嫌か、結婚をしたくないか、**どのような女性を対象から外すか**を考えました。

真っ先に浮かんだのは「精神的に病んでいる女性」です。精神疾患や精神的に不安定な女性は膨大に存在しているので、その病名や症状によるのですが、メンタルが不安定な女性とは幸せな家庭生活が想像できませんでした。

具体的に避けたかったのは過剰な束縛、感情の起伏が激しい、罵詈雑言を浴びせられるような息苦しい生活です。結婚したことでストレスが増えて、自分自身の生活や人生が棄損されるようでは本末転倒です。メンタルが安定した女性が絶対条件だと思ったので、真っ先に「病んでいる女性」をNGに掲げました。

そして、次に浮かんだのは、中学生以下の子どもがいるシングルマザーでした。自分の再婚でお相手の子どもの人生に影響を与えたくなかったので、思春期の中学生以下の子どもがいる女性は外すことにしました。

この大きな二つの条件に加えて、思い浮かんだ結婚したくない女性は、貧困、金遣いが荒い、気性が荒い、借金がある、親の介護に過剰に前向き、それと2歳以上年上は避けたいと思っていました。結婚したくないNG女性を決めたことで、婚活でどのような女性を探していくかは決まりました。

筆者が婚活をはじめたときの年齢は49歳です。狙うべき女性は42歳〜50歳、健康で年収250万円〜、借金なし、子どもは高校生以上という条件です。**最初にNGを掲げて消去法で考えると、理想から考えるよりもはるかに大きな幅が見えて現実的になります。**

アナタは、どのようなNGの女性を掲げたでしょうか。

ここで気をつけてほしいのは、年齢については散々説得したので省きますが、女性の**外見や体型という理想を問わない**でほしいのです。婚活をはじめると、思っているよりも厳しい現実をすぐに実感します。

中年男性はとにかくモテない、同年代の競争相手が多いなど、想像を超えるほど選択肢がありません。そもそも不利な条件を背負っているのに、そこで外見や体型という理想を問うてしまうと、お見合いというスタート地点にも立てない可能性が出てきてしまいます。

風俗経験、売春経験のある女性は狙い目

筆者は婚活をはじめて想像以上の厳しさを知ったとき、ある程度の方針を立てました。具体的には最初はコストが低く、手軽な婚活のマッチングアプリから取り組み、マッチングアプリでうまくいかなかったら結婚相談所に登録、そのツールを使った婚活と同時進行で、すでに知り合いの知人や仕事の関係者に結婚対象者がいないかを探すことでした。

ここまで説明した通り、アラフィフ男性は生涯未婚率が異常に高く、さらに中年という年齢がモテないだけでなく、人口のボリュームゾーンなので婚活をしているライバルの男性が膨大にいます。

婚活は年齢、年収、職業などが可視化されるスペック競争なので、年齢だけで弾かれる、検索されない、プロフィールすら読まれないだろう、という不利な条件が想像できました。

対象女性はNGな女性を除いて、年収と年齢の法則から割りだした年齢42歳～50歳、健康で年収250万円～、借金なし、シングルマザーだったら子どもは高校生以上と、それなりに広

い幅を想定しました。しかし、それでもまったく相手にされない可能性も想定して、さらに踏み込んだブルーオーシャンが必要だと感じたのです。

ブルーオーシャンとは**競争が少ない女性の層を狙う**ことです。

他の男性が嫌がり、不人気な女性の層を考えたときに真っ先に浮かんだのは風俗や売春経験者でした。

風俗嬢や売春経験者が激増したのは、非正規雇用を認めた労働法や奨学金制度の改悪で女性の貧困がはじまった２００４年です。筆者が想定している42歳〜50歳の層にも風俗や売春経験者は膨大に存在して、多くの該当女性は相手に過去を隠して恋愛や結婚していることが想像できました。筆者は風俗や売春経験者でも、メンタルが健康ならばなにも問題がないと思っていました。

風俗経験、売春経験のある女性は、多くの男性が結婚相手として避けたいと思っていることは間違いなく、スタート地点から不利な条件を背負うアラフィフ男性にとっては狙い目だといえるのです。

女性にとっても過去の経験を隠して結婚するより、嘘偽りなくすべてを晒して受け入れてもらうほうがストレスはかかりません。苦戦が想像されるアラフィフ男性の婚活は、**多くの男性が避けたがるブルーオーシャンを想定しておく**と、激しい競争で苦しい状況に陥ったときに、思わぬ武器になる可能性があります。

筆者はブルーオーシャンとして風俗経験、売春経験を挙げましたが、経営者、バリキャリ、元アイドルやタレント、派手な女性なども意外と男性たちから人気がないかもしれません。

Point
理想ではなく、NGから対象女性を具体的に決める！

第二章まとめ CHECK!

- [x] 45歳のキャリアウーマンを狙う!
- [ ] 「孫の顔が見たい」と言う親に「諦めろ」と一喝する
- [ ] マザコンを卒業して、結婚相手は自分で決める
- [ ] 実家を出て「子ども部屋おじさん」を卒業する
- [ ] 親の介護は放棄する!
- [ ] 理想ではなく、結婚したくない女性からターゲットを絞る

第三章

「ありのままの自分」で戦わない あらゆるマイナスを改善して「選ばれる自分」になる

10 絶対条件の「清潔感」をつくる！

女性の恋愛感情の3段階

ここまで若い女性を狙わない、子どもを諦める、マザコンから脱却する、子ども部屋おじさんを卒業する、親の介護は女性にさせない――と、婚活のスタート地点に立つために必要な最低限度のことを伝えてきました。

子ども部屋おじさん卒業は、実家から一人暮らしの部屋への引っ越しなのでなかなか大変ですが、いますぐに実行してほしいのでお願いします。

家系が途絶えると騒ぐ父親と、孫の顔が見たいと嘆く母親に一喝し、子どもを諦めてもらったところで、ここからが本番です。厳しいアラフィフの婚活を戦うために、あらゆるマイナスを改善していきます。

婚活はすべてが採点&評価対象となるスペック競争なので、アナタの現在のありのままの姿では戦えません。誰でも、**大なり小なりの改善と進化は必要**になってきます。

まず、アナタがいままで結婚できなかったのは、自分を理解してくれる運命の人に出会っていないという外的要因ではなく、自分が至らなかった内的要因が理由だと自覚しましょう。現在の生涯未婚の該当者で、家系が途切れる厳しい現状は自己責任という結果です。

内的要因がモテなかった理由とすると、アナタになにかしらの原因があります。間違った行動をしているわけです。まず、**女性の立場に立って考える**という癖をつけていきましょう。

筆者は女性の恋愛心理に精通しているわけではないですが、女性が男性に対する好意的な感情は3段階あるように思っています。女性からの一目惚れ、運命の出会いみたいなことは、まずありません。女性の感情は、①嫌いじゃない→②好感がある→③好きと、階段を昇っていくように芽生えていきます。

もう少し詳しく言うと、第一印象が大部分を占める第1段階の「嫌いじゃない」という意識からはじまり、いくらか会話を重ねてから第2段階の「好感がある」というポジティブな感情が生まれます。そして、何度かデートを重ねて、なにかキッカケがあって、第3段階の「好き」という恋愛感情に発展するみたいなイメージです。

恋愛感情に至るまでの流れは、男性と女性で明らかに違っています。男性は女性に対して会った瞬間に一目惚れが多いですが、女性は男性に対して階段を昇るように感情が膨らんでいきます。

感情に男女差があるので、初めて会ったときの第一印象で女性に嫌われては、なにもはじまりません。第一印象で女性に**好かれるのではなく、嫌われない**ことは、婚活ではなによりも大切なことになってきます。

女性の好きという恋愛感情には様々な好みや理由がありますが、嫌いという感情はおおよそすべての女性が一致しています。清潔感です。**清潔感がない男性は、ほぼすべての女性から嫌われます。**まず、婚活で取り組むべきは「清潔感」を身につけることです。

いますぐ予約して美容室に行く！

女性が好みの男性のタイプを挙げる場合、ほぼほぼ全員が前提条件として「清潔感がある人」と言うでしょう。それほど、清潔感は最重要です。逆に女性が近づいてこない、会話が続かない、仲良くなれないなど、女性が苦手だという中年男性は、この清潔感でコケている可能性があります。

清潔感とはなんでしょうか。意味としては汚れがなく、衛生的ということです。

清潔感といっても、言葉にするとなかなか多岐に渡ってきます。思いつくまま挙げてみると、入浴する、歯を磨く、ヒゲを剃る、手を洗う、綺麗な服を着るみたいな日常的なことから、綺麗な髪、綺麗な肌、シンプルな服装、ジャストサイズの洋服みたいなことが浮かびます。

逆に長髪、ボロボロな髪質、金髪、ヒゲ、汚い肌、ダラしない服装、服のサイズが合っていない、老けている、爪の汚れ、ダラしない体型、襟の汚れ、メガネの汚れなどなどは清潔感がないと判断されがちです。

清潔感は自分のカラダだけでなく、健康状態、服装や身につけている物、持ち物など、すべてが判断対象となってきます。**女性は減点方式で男性を見定める**ので、この清潔感で一つでも減点があると対象外となってしまう可能性があります。


最初にやるべきは、いますぐに近所の美容室に行くことです。理容室でもかまいません。

頭髪は髪型、毛量、髪質、髪の色は人それぞれですが、清潔感がある髪型というのはある程度決まっています。挙げてみると、黒髪、おでこを出している、耳にかぶっていない、長髪より短めみたいな感じでしょうか。それと**若く見えるほど、清潔感がアップする**ので白髪染めもしたほうがいいでしょう。近くの美容室に行って「白髪染めと、清潔感ある髪型にしてください」と頼むだけで、美容師さんはある程度やってくれるはずです。

ここで気をつけてほしいのは、髪の毛に色を入れる、長髪、ヒゲ、パーマなどなど、個性のある頭髪で清潔感を出すのは上級者向けです。なかなか難しいことなのでやめましょう。美容師さんに任せて清潔感のある髪型にして、月1ペース程度で整髪をして清潔感のある髪型を維持します。

アラフィフの男性で清潔感がある有名人を適当に挙げますが、元巨人の高橋由伸さん、俳優の藤木直人さん、キムタクあたりでしょうか。時期にもよりますが、みなさん黒髪で耳とおでこを出す髪型をしています。高橋由伸さんを眺めて「清潔感がない」と嫌う女性は、誰もいないでしょう。個人の好みの問題ではなく、清潔感は女性全般の主観のない共通認識なのです。

清潔感がないまま婚活したとすると、おそらく大苦戦は免れないはずです。清潔感がない男性としてわかりやすいのは、汚れたキャラクターTシャツを着る体型が崩れたオタク、無精ひげを生やした長髪のヘビメタ、脂っぽい新橋のサラリーマンみたいな感じでしょうか。

美容室に行くのは1時間半程度で終わる、簡単なことです。1時間半で前提条件である清潔感を上昇させることができるので、真っ先にやるべきことなのです。

薄毛ならAGAに挑戦してみる

筆者は数年前から、後頭部の地肌が見えるくらいに毛髪が減っていることが気になっていました。**ハゲはモテない**ので焦りました。

このままだと、誰かにハゲと言われるのも時間の問題という状態で、おそらくAGAという脱毛症でした。AGAは20歳～60歳までの男性に3人に1人、アラフィフになると2人に1人以上という、誰もが他人事ではない中年男性の症状です。

AGA治療は一度はじめたら生涯毎日服薬しなければならない（服薬をやめたらすぐに元に戻る。維持するためには生涯にわたって服用）、それと副作用にためらいがありました。しかし、婚活を機会にAGA治療をすることにしました。AGA治療は初期ならばすぐに改善するので時間勝負です。いまは元に戻ったので、婚活に後押しされて本当に助かりました。

AGA治療は男性ホルモンのバランスを整えるフィナステリドかデュタステリドという薬の服薬と、ミノキシジルという発毛効果のある薬を飲むか塗りながら治療をします。髪の毛が抜けない薬と、髪の毛が生える薬の二種類を服用するわけです。対面かオンラインで医師の診断を受ければ、すぐに処方されます。

効果は抜群で驚くほどでした。

おそらく、多くの方がAGA治療で薄毛の悩みは解消します。治療をはじめてすぐにごっそりと毛が抜ける初期脱毛の期間があって、2か月間で効果が現れました。半年後には薄毛は治癒し、いまは若い頃のような毛量になりました。自分が若返ったのは明らかで、会う人全員に

「若くなったね」と言われるような状態になっています。

ＡＧＡ治療は若干の副作用があることなので、万人に薦めるわけではないのですが、婚活においては**成功の可能性が上昇するのは間違いない**でしょう。

Point **モテにつながる行動・投資は積極的に行う！**

11 失敗しない婚活ファッションは「全身ユニクロ」

簡単で再現性が高く誰でもオシャレになれる！

いま読んでくれているアラフィフ男性でオシャレな人は、どれくらいいるか想像がつきません。おそらく、大部分の方々はダサいのではないでしょうか。

服装も、現在のままではまずいです。筆者も服装がダサいことは、だいぶ前から自覚していました。でも、長年どうしていいかわかりませんでした。自分ではどういう服を買っていいのかわからない、そんな悩みがあるのではないでしょうか。

服装がまずい自覚はあっても、知識がないので自分で解決できないのです。筆者は服を購入する店を人気ブランドに変えても、店員に相談しても、ダサさは変わりませんでした。

服装は簡単ではありません。カジュアルにしても、スーツにしても、季節感、デザイン、素材、コーディネート、色、サイズ感、流行、年齢相応と気にするポイントはたくさんあります。

シャツ一枚、ネクタイ一つにしても、なにがベストなのか自分ではわからないのです。

筆者は婚活で服装の改善に迫られたとき、ファッションインフルエンサーのYouTubeを浴びるように眺めました。そこで洋服選びの根本的な間違いに気づいたので、みなさんと共有させてください。

筆者は自分自身が地味なタイプだからと、よかれと思って赤や青などの原色系、またピンク色などの洋服を積極的に着ていました。そこで、中年男性はファッションを深く理解している上級者以外は、**色のある服を着るのは厳禁**ということを知ったのです。原則として色があると子どもっぽくなり、おじさんが着ると気持ち悪くなるのです。

中年男性が着るべき洋服の色の**正解は黒、白、グレーの3色**です。黒と白の配合色であるグレーには様々なバリエーションがありますが、グレーならばどれもOKです。紺やネイビーもOKで、ブルーになるとNGになります。

中年男性の服装に原色系はNGという基本の原則がありました。以前の筆者のように赤や青のシャツやセーターを着ることはNG中のNGで、持っていた洋服はすべて捨てました。

いくつか具体例を出しますが、アラフィフ男性のカジュアルな服装で赤や青のチェック柄のシャツに、使い古されたジーンズみたいなスタイルをよく見かけます。それとカラフルなキャラクターや英字入りのシャツや柄物も、みなさんよく着ていますね。それらの服装はすべてN

Gとなります。

清潔感のある服装は様々な正解があるので、みなさんがそれぞれ考えてほしいのですが、筆者がたどり着いた一つの答えは**スーツにシンプルな紺のネクタイ、もしくは「全身ユニクロ」**でした。

気づいたときは、まさか全身ユニクロが正解とは……と驚きました。ユニクロは日本人の体型に合わせたシンプルなデザインで、低価格、良質な素材、豊富なサイズ展開があり、毎年トレンドを取り入れて商品は考え尽くされています。デメリットがあるとすれば、「ユニクロ被り」といわれる同じ服を着ている人が多いというだけです。

ダサい人でも、すぐに婚活で合格ライン程度のオシャレになれる、清潔感をつくれるもっとも簡単なコーディネートは、ジャケットとズボンのセットアップだといわれています。ユニクロでいえば、侍ジャパンも着ていた「感動ジャケット」のセットアップでしょうか。

感動ジャケットはユニクロの主力商品で全店舗展開されています。近所のユニクロに行ってシンプルなネイビーかグレーの感動ジャケットの上下のセットアップに、白かグレーのTシャツを合わせるだけです。金額にしたら感動ジャケット6000円、感動パンツ4000円、Tシャツは1500円程度です。**1万1500円で、婚活で合格となる姿になれます。**

秋冬になったらTシャツの上に白か黒、またはグレーのハイネックのセーターを足して、黒かグレーのコートを羽織るだけで、ダサいとは言われない清潔感ある姿となります。セーターもコートも、ユニクロでOKです。このコーディネートに普通の黒、チャコール、茶色の革靴を合わせれば、誰にも清潔感がない、またはダサいとは言われません。筆者は長年、服装に悩みましたが、こんな簡単なことだったのかと拍子抜けしたほどでした。

婚活の場で「着てはいけない」服

清潔感を纏うために全身ユニクロ（感動ジャケットのセットアップ）を挙げたのは、もっとも簡単で再現性が高いからです。清潔感のあるオシャレは無限にあるので、みなさんそれぞれが考えてチャレンジしてほしいのですが、逆に婚活に向かない、着てはいけない服装は共通しています。

なにを着てはいけないのか、具体的に挙げていきましょう。

フードのあるパーカー
デニム地のシャツ

原色系のシャツ
ストライプ柄のシャツ
チェック柄のシャツ
英字入りのシャツ
短パン
キャラクター入りのトレーナー
無地以外のトレーナー
フリース
原色系のセーター
ロック系のTシャツ
ダメージジーンズ

などなど、です。一部に似合っている人もいますが、中年男性の婚活ではカジュアルな服は全般的に避けたほうが無難でしょう。

おじさんが子どもっぽい服装をすると、ほとんどの場面で気持ち悪くなるのが理由です。特に赤や青のチェック柄のシャツ、デニム地のシャツを着ている人はよく見かけます。チェック柄は捨てて、白の無地のシャツに買い替えたほうがいいでしょう。

中年男性にカジュアルな服装は鬼門です。ほとんどの人が気持ち悪く、貧乏くさく見えます。女性からは「気持ち悪い＝清潔感がない」という評価となるので、**カジュアルな服装をしているだけで切られてしまう**可能性があります。

中年男性の婚活の場面でも服装はスーツ、もしくはジャケットスタイルがとにかく無難ということは知っておきましょう。

Point

色のある洋服は着ない。カジュアルスタイルはNG！

12 趣味を控えて、余計な物を食べない

糖質、脂質には気をつけよう！

体型も女性に評価されるポイントです。それと体脂肪が少ないほど、似合う洋服が増えて清潔感の幅が広がります。

中年になると代謝が悪くなるので、鍛えてなければ、お腹が出てダラしない体型になってしまいます。食事制限する本格的なダイエットや、ジムでカラダを鍛えるなどは、できる人は是非取り組むべきですが、筆者には少し高い敷居がありました。カラダに負担をかける筋トレなどは1日、2日は頑張れても、とても継続できません。

そこで筆者がやったのは「余計な物を食べない」ということでした。

婚活で必要に迫られるまで、食べ物のことはなにも考えていませんでした。好きな物を食べて間食もし放題でした。糖質、脂質が太る原因だとすると、食べないほうがいい物はあきらかです。

婚活をキッカケに体型を意識した筆者が食べることをやめたのは、お菓子、炭酸飲料、揚げ物、菓子パン、ファストフード、パスタ、ラーメンなどです。これらの物を食べるのをやめて、**コーラの代わりに水を飲む**ことにしたことで数キロはすぐに痩せました。カラダが少し軽くなり、体調がよくなったのもすぐに実感できました。

本格的な食事制限をすれば、もっと痩せるでしょうが、それには知識と苦痛がともなうので筆者はまだ着手できていません。ポテチやから揚げを食べない、コーラは飲まない程度のことは、意識するだけですぐにできたので、**誰にでも取り組める**と思います。

ここまで髪型、服装、体型を改善するために、誰でも簡単に取り組めて、すぐに清潔感という結果が出ることを書きました。これに毎日入浴する、毎日ヒゲを剃る、鼻毛や無駄毛に気をつける、爪を切るなどを習慣づければ、ある程度の清潔感は手にすることができるでしょう。

アイドルの追っかけ、風俗通い、ロックは一時中断する

生涯未婚が続くアナタは、いままでなにを潤いにして、なにをして心の寂しさを埋めてきましたか？

未婚中年男性がやっていそうな趣味を適当に挙げると、アイドルの追っかけ、カメコ、AV女優、声優、ストリップ、二次元、ガールズバー、風俗、ロックンロールなど、いろいろあると思います。

アナタの趣味にケチをつけるつもりはまったくないのですが、アイドルの追っかけもカメコも風俗通いも、女性に理解されない趣味です。共感されないし、モテません。婚活をきっかけに、それらの趣味を一時中断することを提案していいでしょうか。

いままで趣味に注いできた時間やお金を、一時的に婚活に移行するという考え方にして、女性との出会いやモテる可能性を少しでも上げていきます。アイドルの追っかけや地下アイドルのコンカフェに通うならば、その時間を婚活にまわして、1人でも多くの女性と知り合って会話をしていこう、みたいなことです。

筆者は先日、小さなコンカフェで行われた地下アイドルのイベントに参加しました。重苦しいオーラを漂わせる6人の中年の男性客がいました。主催するアイドルに許可をもらって、そのイベントにいた全員の男性と会話をしたのです。

彼らは全員、彼女いない歴＝年齢の中年童貞でした。入浴しているか微妙で、服装はキャラクターTシャツやチェック柄シャツ、清潔感は皆無でした。モテそうな要素は見事になにもありません。仮に彼らが婚活をしても、成功する可能性はゼロだと断言できるレベルでした。趣味を否定するわけではないのですが、清潔感がゼロで許される環境が婚活にとってよくないのです。

デラックスな一眼レフを片手に、女性のスカートの中身を撮りまくるカメコや、女性と性的行為をしまくる風俗通いも、**女性に認められる可能性はゼロ**でしょう。モテを狙うためには、一時的でもそれらの趣味を封印し、必須条件である清潔感を身につけていくべきなのです。

カメコや風俗通いと同列にロックも挙げました。アラフィフの学生時代はバンドブームだったので、ロックンローラーやヘビメタみたいな方々もたくさんいます。長髪もロックTシャツも、古着スタイルも、**自分ではカッコいいと思っていても、清潔感がないので嫌われます。**ロックンロールをカッコいいと評価するのは、極めて一部の特殊な女性だけでしょう。

ロックな方々も、婚活中だけは趣味を封印し、美容室へ行って「清潔感ある髪型にしてください」と言うべきなのです。

Point

コーラや間食をやめる。風俗通いは厳禁！

13 複数のマッチングアプリをフル活用する！

婚活に使う3つのツール

婚活では女性と出会うために基本的にツールを使います。

ツールには結婚相談所、婚活パーティー、マッチングアプリがあります。婚活ビジネスは活況で、様々なサービスが用意されています。それぞれ、どのような特徴があるか見ていきましょう。

【結婚相談所】

結婚相談所では担当のカウンセラーがついて、相談やアドバイスをもらいながら婚活を進めていきます。相手の女性も費用を払って婚活するので真剣な人ばかりであり、効率よくスピーディーに成婚となる可能性があります。

結婚相談所は全国展開の大手から、個人が運営する零細までたくさんあります。各事業所は結婚相談所連盟に加盟、男性会員と女性会員を共有するというシステムです。

同じ連盟に加盟するA社、B社、C社、D社が同じデータを情報共有して、たとえばA社の女性会員とD社の男性会員がマッチングする感じです。1700の相談所が加盟するIBC（日本結婚相談所連盟）が最大手で、所属会員数は5万人〜8万人という規模のようです。

結婚相談所は、男性はもちろん、女性にも費用がかかります。入会金、初期費用、月会費、お見合い料、成婚料が必要で**総額30万円〜50万円**というのが相場です。相談所は女性もお金を払うので真剣なことと、担当カウンセラーが写真撮影やプロフィール作成のサポートから、お見合いの日程調整をしてくれるのが利点でしょうか。

結婚相談所のデメリットは**マッチングアプリと比べると、圧倒的に人数が少ない**ことです。たとえば、全国に5万人の会員がいたとしても、女性会員はその半分の2万5000人。47都道府県で均等に割ると、1都道府県に531人まで減ります。ここからターゲットであるアラフィフ女性に絞ると、数えられるくらいしか残らない可能性があります。5万人は決して多い人数ではないのです。母数が少ないのと、費用がかかることが結婚相談所の大きなデメリットになります。

【婚活パーティー】

婚活パーティーは毎日全国各地で開催されています。

検索すると、パーティーの開催情報が山ほど出てきます。30代限定、40代限定、男性年収600万円以上限定などなど、参加資格を絞って男女を数人から数十人集めてパーティーをするのです。

なにをするのか具体的に言うと、たとえば会場に男性10人、女性10人が集います。司会者の号令で参加者全員と1人5分程度の会話をしていきます。5分程度だと挨拶、プロフィールを見ながら仕事や趣味の質問をする程度でしょうか。回転寿司形式などと呼ばれていますが、制限時間があるなかで全員の女性と会話をして、最後に気に入った異性に投票してマッチングするというシステムです。

結論から言うと、婚活パーティーはアラフィフには難しいでしょう。かなりの確率で出会うことはできないので、婚活パーティーは利用ツールから真っ先に外しましょう。どうしてパーティーでは出会うことができないのか、デメリットを挙げていきます。

スタッフの監視のなかで制限5分間の会話は難しい。

初対面の女性10人全員と、次々と会話するのは難しい。

お互い、明らかな対象外との会話にストレスがかかる。
5分の会話ではなにもわからないし、なにも伝えられない。
短すぎる制限時間のなかで、なかなかまともな会話が成立しないので、男性も女性も外見的な高スペックに人気が集中する。
外見が劣っているアラフィフは、相手にされない。

と、外見やスペックで勝負ができないアラフィフ男性には難しい条件ばかりが揃いすぎているのです。悪条件は女性も同じで、**5分程度の会話では相手のことはなにもわかりません。**女性も男性の人気は美人ばかりに集中して、一般的な女性は誰かと出会うのは難しいことになっているはずです。

【マッチングアプリ】

いま、マッチングアプリは婚活だけでなく、男女の出会いの主流です。アラフィフの人は実感がないかもしれませんが、いまの若い世代は大学や職場、バイト先よりも、マッチングアプリで異性と出会っています。

マッチングアプリを使うまでの具体的な説明をすると、

身分証明書を提出して入会↓
自分自身で写真を準備してプロフィールをアップロード↓
異性会員のプロフィールを見る↓
気に入った人に「いいね！」を押す↓
「いいね！」が相手に届く↓
相互「いいね！」となったらメッセージの交換ができる。

というシステムです。

相互「いいね！」となったら、「はじめまして」の挨拶からはじめて、それぞれがリアルで会うか会わないかを決めていきます。みなさんは、まず**マッチングアプリで婚活をするべき**です。

マッチングアプリは女性無料、男性は月4000円程度と低コストなのと、煩わしい手続きがないので登録人数が圧倒的に多いことが魅力です。それとアプリは結婚相談所のような人的なサービスではなく、ソフトウェアなので24時間動かすことができます。自分の都合に合わせて、いつでも活動をして前に進むことができます。活動するほど、**時間を費やすほど出会いのチャンスは増える**ので、マッチングアプリへの登録は婚活の必須の条件となってきます。

マッチングアプリは出会いの概念を根本から変えました。それまでは同じ学校、職場、趣味の場など、異性との出会いの場は自分が参加するコミュニティーに限られていました。しかし、マッチングアプリはテクノロジーによって、その制限をすべて取り払いました。誰にも、平等に、異性との出会いの場が与えられたわけです。

マッチングアプリをどれだけ使いこなせるか、どれだけ戦略的に攻略できるかが婚活のキモとなってきます。

マッチングアプリは様々な種類があります。ざっと挙げても、「ペアーズ」「タップル」「マリッシュ」「Omiai」「with」「match」「ティンダー」「東カレデート」等々、それに加えて結婚相談所が運営するアプリもあります。みな

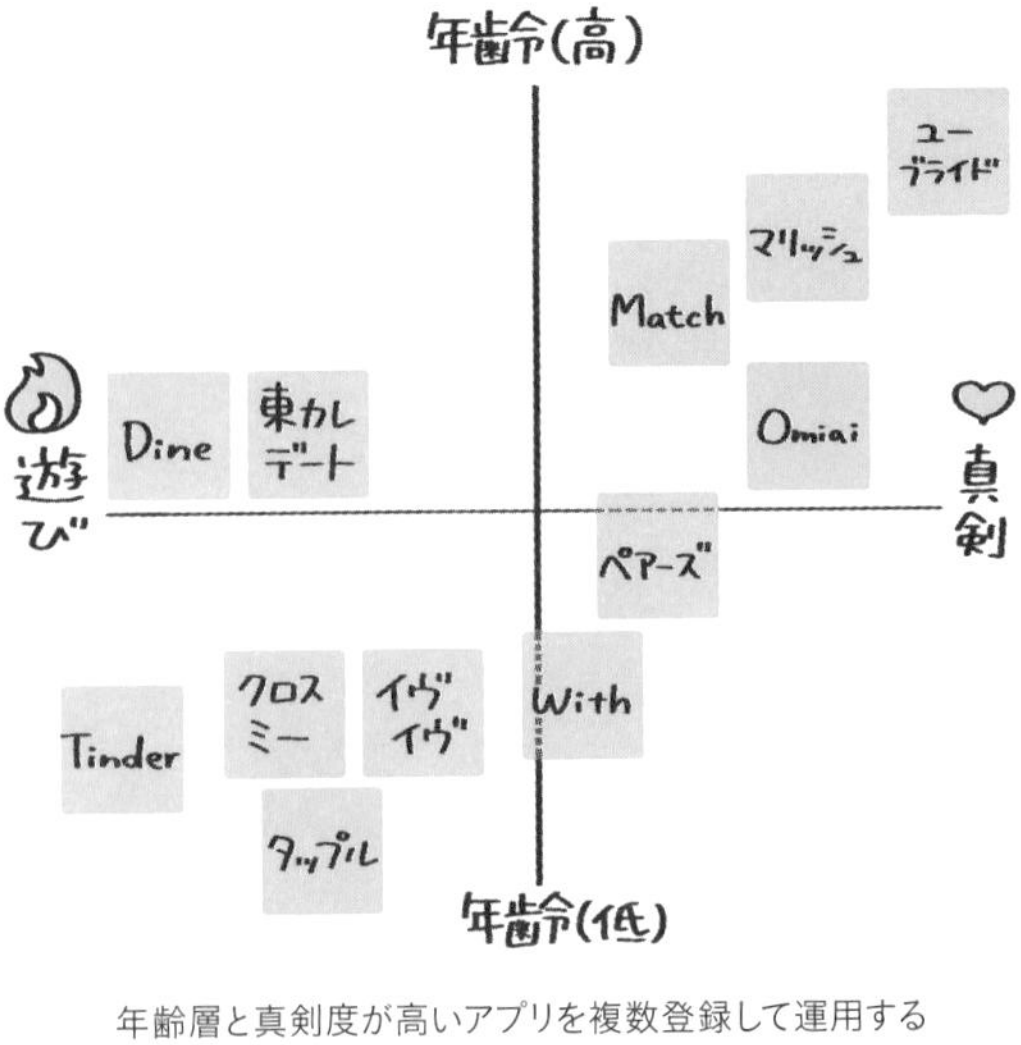

年齢層と真剣度が高いアプリを複数登録して運用する

さんはどのアプリを使うのがいいかわからないと思うので、筆者がアラフィフの男性が使うべきアプリをいくつか選んでみます。

【Omiai】

筆者が使ったアプリがOmiaiだったので、まず挙げておきます。

累計会員数は800万人と多く、年齢は20代から50代まで幅広い登録者がいます。恋活、婚活と目的もそれぞれですが、**どの年代にも一定数の人数がいるのが魅力**です。

会員数は多いですが、女性無料なのでパパ活や業者、詐欺師みたいな人もたくさん紛れ込んでいます。玉石混交です。登録して最初の数日間は新着覧に掲載されるので動きが早く、アラフィフ女性でも人気になると数百の「いいね！」がついて激戦になっています。

【match】

matchは若干年齢層が上がります。30代〜40代が7割以上となり、女性も有料なので累計会員数は180万人と少なめです。しかし、**有料なのでそれだけ真剣な女性が集まっています。**婚活前提のアプリなので、希望条件に結婚歴、子どもが欲しいかなどの項目もあります。matchで出会ったカップルは、44％が1年以内に結婚しているというデータも出ていました。

【マリッシュ】

マリッシュはさらに年齢層が上がって**40代、50代が7割以上**となります。趣味のグループが充実し、バツイチOKなどが掲げられる機能もありました。女性会員にはバツイチやシングルマザーが多く、それぞれの事情があるからか、婚活だけでなく、婚姻関係を前提としない真剣なパートナー探しという需要も多いようです。

【ペアーズ】

若者を中心に会員数は2000万人以上と**圧倒的に人数が多いです。**女性会員で40代は11パーセント、50代は3・1％とアラフィフの割合は少ないですが、規模が大きいので十分に使えます。女性へのメッセージができないと意味がないので、男性が使うときは有料会員になるのは必須です。

筆者はOmiaiだけで成婚しましたが、**婚活は早期勝負なので、複数のアプリをフル回転**で積極的に使っていきましょう。筆者推奨の組み合わせは、人数の多いOmiaiもしくはペアーズ＋年齢＆属性が合致のマリッシュ併用、時間とやる気があれば、もっと幅広く探すためにmatchを加えてもいいかもしれません。

婚活アプリは、男性会員は基本的に費用がかかります。月会費や有料サービスは惜しむことなく、**投資だと思ってどんどん課金**していきましょう。

それと気をつけるのは、結婚相手を探すことに目的を絞ってアプリを使うことです。アプリには女子大生からアラフィフ、アラカンまで老若男女が集っています。

ひとりでスマホ片手の活動なので、一歩間違えると婚活の目的を見失いがちです。ズラリと並ぶ若い女性に目がくらんで、若い女性の恋愛詐欺に引っかかってしまうと、ラストチャンスを潰して人生の棄損になりかねません。これからの第二の人生に必要だった財産を女性に奪われて失った、みたいなことになったら、もう終わりです。

アプリ婚活では**結婚相手を探している、という強い目的意識が必要**で、業者や金銭目当ての危険な女性も潜んでいる玉石混交なので、心を盛りあげることなく、冷静に、慎重に相手のことを見定めなければなりません。

読書会、趣味のサークルに積極的に参加する！

最後に、読書会などの趣味のサークルを挙げておきます。

自分自身が市場に放りだされる婚活ツールは、年齢や外見、年収など、女性たちにシビアに評価されるなかなか残酷な場所です。アプリに何万人という女性が存在しても、**アラフィフ男性がマッチングに苦戦するのは当然**で、誰にもまったく相手にされない厳しい結果が続く可能性もあります。

ただ、婚活は出会いの数を打たなければ、あたりません。

婚活ツールと同時進行で、趣味のサークルやオフ会、あとは知り合いや同業者の飲み会、合コンなどには積極的に参加しましょう。趣味のサークルも同業者の飲み会も、男女の出会いが目的ではないので、年齢や外見、年収などのスペックでの露骨な排除は起こりません。婚活で苦戦するだろうアナタは、過酷な市場から離れたリアルな交流の場にホッとするはずです。

同じ趣味や同業の場所なので、初対面の女性でも、なにかしら共通項があって話すこともあるでしょう。初対面の女性と十数人も出会えば、心が躍るような素敵な女性もいることでしょう。

趣味のサークルや飲み会に積極的に参加する女性は、未婚女性が多く、チャンスはあるかもしれません。婚活では意識しながら、**できるだけたくさんの女性と接触することが有効**なのです。

それと、すでに知り合っている女性のなかにも、将来の結婚相手がいるかもしれません。同じ理由で日常生活でも、周囲にいる女性を「結婚相手にどうだろうか?」と、そういう目で見ることも大切です。同じ職場や仕事の関係者にいい女性が潜んでいるかもしれません。

周囲にいる女性を「そういう目で見る」

筆者もマッチングアプリと同時進行で、仕事の関係者も結婚相手としてどうだろうか?という目で検討しました。周囲にいるあらゆる女性を気にしながら、自分の結婚相手としてどうだろうと想像するのです。

編集者などの出版業界、作家やライターなどの同業者、昔からの知り合いなどなど、まわりを見まわしました。気にしてみると、未婚女性はたくさんいます。年齢は相応で外見が好みの女性も何人かいて、婚活ツールでの出会いが芳しくなかったらタイミングをみて近づいてみよう、とは思っていました。

結果的にマッチングアプリだけで婚活は決着しましたが、最初はマッチングアプリがあまりにも厳しかったこともあり、中長期的な婚活計画を立てました。筆者が考えていた婚活計画を、ここでみなさんに共有したいと思います。

妻と死別したばかりということもあって、再婚は急いではいませんでした。アラフィフの婚活は異常に厳しい予測はあって、5年間くらいかかるのではないか、と中長期的に考えていたのです。当時、頭にあった計画を書きだしてみます。

【第1段階（婚活開始～半年）】

最初は等価交換の原則は無視して高望みをする。年齢42歳～50歳の数少ない相互「いいね！」となった女性のなかで、美人、高年収、文化的な女性とだけお見合いする。

【第2段階（半年～）】

婚活開始から半年が経過して、高望みが叶わなかった場合は条件を緩和する。外見普通、低年収、サービス業の女性なども相互「いいね！」となったら積極的にお見合いする。周囲にいる知り合いの女性も食事などに誘ってみる。

【第3段階（1年～）】

1年間、活動してマッチングアプリで結果が出なかったら結婚相談所に登録する。対面型の読書会にも参加する。同時進行で男性に不人気だろう売春、風俗嬢経験者などの女性も視野に入れる。SNSで知り合った女性とも積極的に会うことにする。同業の著名女性なども食事に誘って検討、打診する。

【第4段階（2年〜）】

女性は42歳〜50歳、健康で年収250万円〜、借金なし、子どもは高校生以上という、最初に掲げた条件に該当するすべての女性を対象にする。加盟母体が異なる別の結婚相談所に再登録する。

このような計画でした。年齢的に日々不利になることを理解しながら、結婚を急いでいるわけではなかったので第1段階〜第4段階まで段階を踏んでいこうと思っていました。簡潔に言うと、最初は高望みし、だんだんと条件を緩和するという考え方です。

筆者は第1段階で成婚しましたが、マッチングアプリ、結婚相談所、知人、同業者、SNSと、あらゆる女性との接点を視野に入れることで諦めることなく、婚活を継続しようというモチベーションにしていました。

Point　婚活パーティーには行かず、マッチングアプリを極める！

14 最大公約数のプロフィール写真を撮る

自撮りはNG! プロカメラマンに依頼する

婚活でもっとも重要な必需品がプロフィール写真です。

理解していない中年男性は多いので、繰り返しますが、**アナタの看板となって女性との最初の接点となるプロフィール写真は、おそろしく重要です。**

アプリ登録後のプロフィール作成で、携帯にある手持ち写真や自撮り写真を使うのは絶対にやめてください。多くの中年男性は自分がまともに写っている写真は持っていません。苦し紛れに飲み会や、社員旅行の写真を使っても、アナタがまったく魅力的に写ってないので女性が見てくれることはありません。汚いおじさんと思われてスルーされてしまいます。

プロフィール写真は、準備をしてから撮り下ろします。

すでにお伝えした髪型や服装など、自分自身を整えます。すべてが完了したら、カメラマンを呼んで写真撮影をします。アナタの１００％に近い写真を撮影するのです。みなさんは外見を整えるのに、なにが必要でしょうか。美容室で清潔感ある髪型にして、人によってはＡＧＡ治療、第三者に相談しながら清潔感ある服装で全身を整えて、すべての準備ができたところでロケ地を決めて写真撮影をします。

アナタはモデルなのでカメラマンが必要です。プロのカメラマンやカメラに詳しい友人などに頼んで、写真を撮ってもらいましょう。

写真は明るいほどきれいに撮れるので、晴天の昼間に撮影します。中年男性の外見はくすんでいるので、中年男性というだけで写真のクオリティーは低くなります。少しでも良くするために、太陽光がまぶしいくらいの晴天に撮影してください。逆に雨天や暗い蛍光灯の自分の部屋、妖しい夜の街、蛍光灯やタングステン灯しかない夜の居酒屋や飲食店はＮＧです。

写真にはアナタを引き立てる背景も必要なので、緑の多い大きな公園に行くのがいいでしょう。服装は清潔感のあるスーツ、もしくはジャケット。撮影前に美容室でカットかブローをして、公園の緑を背景に撮影します。

アラフィフになって撮影モデルになるのは気が引けるかもしれません。でも、プロフィール写真はアナタの看板であり、**写真の出来は女性からの反響に直結する**ので頑張りましょう。

笑顔がいいでしょう。少しでも明るく、前向きに、健康的にみたいな意識で撮影をしてください。撮影前に同年代のアラフィフ男性がモデルするファッション誌や、同年代のキムタクや反町やV6がどのようなポーズ、表情をして写っているか、チェックしてから撮影にのぞむと、アナタの写りが変わってくるかもしれません。

ネクタイありのスーツ姿、ノーネクタイのジャケット姿、複数の衣装をまとって、様々な場所で、様々な角度から、様々な表情にチャレンジして数百枚撮ってもらいましょう。被写体が暗くなる逆光と、まぶしくて目が死んでしまう日向には気をつけてください。200カットも撮影すれば、奇跡の一枚が撮れるかもしれません。**自分自身の最大公約数だと思える写真**が撮れれば、そのカットをマッチングアプリのプロフィール写真に使います。

自撮り写真は自分では良く見えるもの。客観的な視点が大切

プロフィールの読者は男性ではなく、女性です。撮影したどの写真を使うか、自分で数枚厳選してから知り合いの女性に見てもらうのもいいでしょう。**自分がいいと思ったカットと、女性が選ぶカットが異なるのは普通のことです。**女性が選んだカットを優先してプロフィール写真として使っていきます。

アラフィフの男性はまともな写真を持っていない人が多く、婚活用に写真撮影する人は一部です。写真の重要さを知らなかったり、写真撮影を面倒臭がったりして、ちゃんとした写真がないまま婚活に突入すると必ず失敗します。理由は判断材料が写真とプロフィール文しかないので、汚い写真を載せているアナタに女性は誰も会いたくないからです。

マッチングアプリで使う写真は撮り下ろしが条件です。**よく撮れているからと数年前とか若い頃の写真を使うみたいなことも絶対にやめてください。**マッチングしてお見合いまでこぎつけても、写真と実物が違ったり、印象に大きな乖離があると、女性を怒らせてしまいます。

女性は写真を眺めて、結婚相手の候補としてアナタと会います。待ち合わせ場所に写真とは別人が現れたら、激怒されてお見合い中止みたいなことになりかねません。現在のアナタの最大限をプロフィール写真に込める必要はありますが、過去写真や加工で盛りまくって現実から離れてしまってもダメなのです。

女性が見ている「よくないプロフィール写真」とは

実際に、中年男性たちはアプリでどのような写真を使用しているのでしょうか。筆者はいま、男性のプロフィールを見るために女性の名前であるマッチングアプリに登録しました。年齢を45歳～54歳で検索、現在進行形でマッチングアプリで婚活する中年男性たちが、どのようなプロフィール写真を載せているか見ていきます。

なかなかヒドイです。想像を超えるヒドさでした。

表情がない、服装がダサい、清潔感なしと、気持ち悪い中年男性のオンパレードです。**目的を持ってちゃんと撮影した写真は1割もない状況**で、小汚い中年男性がズラリ並んでいました。清潔感のないおじさん大図鑑です。

ほとんどの男性は清潔感がないので、これではまともな女性とマッチングしようがありません。マッチングアプリに掲載される実際の写真を眺めながら、彼らの写真のなにがよくないのか指摘していきます。

50歳。よれよれのTシャツ、なぜか青いタオルを鉢巻にしている。

52歳。犬のぬいぐるみにギターを掲載、最後に不気味なヒゲの男。
45歳。会社の飲み会写真の切り抜き、薄暗くてピントがあっていない。
51歳。ハゲ、薄暗い老朽した自部屋で自撮り。全部が暗い。
46歳。ふてくされた顔のアップ。こわい。
47歳。ブルーのシャツに短パン姿で万歳している。
46歳。汚れたジージャン、白髪のおじさんが笑っている。
45歳。ヤクルトスワローズのユニ姿、神宮球場でビール。
52歳。顔面の超アップ。おじさんが一面に。肌が汚い。
50歳。汚い金髪のプリン頭。中年金髪仲間とピース。
48歳。犬と戯れる、チェック柄服装&メガネのデブおじさん。
45歳。背景ブルーの免許証の写真を使用。無表情。
45歳。Tシャツ、短パン、リュックで破れた紙袋を持っている。
51歳。携帯片手に汚い鏡を写して自撮り。汚い鏡のなかに汚いおじさん。
45歳。ボサボサ髪のデブ、赤い服着ていちごパフェを食べている。
48歳。20代の頃の写真を掲載。現在の写真はなし。
51歳。皺だらけの醜いおやじ、顔面の超アップ。

堂々と写真を掲載していることから察するに、マッチングアプリの中年男性のほとんどは、自分はダサい、中年男性は醜い、おじさんは気持ち悪い、という自覚は微塵もないようです。点数でいえば、100点満点中2～15点という写真が大部分を占めていました。

筆者が伝えた清潔感ある男性は5％程度で、本当にアプリ一面にいま挙げたような写真ばかりとなっています。アラフィフの中年男性たちは、いまのところまともにマッチングアプリを使えていません。自分が年齢＆外見的に劣勢にいる自覚がないので、気づいてちゃんと**使いこなした人からチャンスが巡ってくる**でしょう。

美容室＆服装で清潔感をつくって、健康的な昼間の公園で笑顔をつくった写真を掲載するだけで、大部分の中年男性会員には勝てる状況がありました。

Point

プロフィール写真だけでライバルの9割に勝てる！

15 プロフィール文は明るく＋ポジティブ＋清潔感

適当に書いたプロフィールでは永遠に「いいね！」されない

「婚活のマッチングアプリはOmiaiがいいですよ」

筆者は婚活をしていた友人の20代女性からそう聞いて、その勧められたマッチングアプリOmiaiに入会&登録しました。すぐにはじめようと手持ちの適当な自撮り写真と、適当な短いプロフィール文を書いてアップロードしたのです。あふれるような女性のプロフィールを、一晩費やしてじっくりと眺めて30人くらいの女性に「いいね！」を押しました。

しかし、「いいね！」は見事にまったく返ってきません。

マッチングアプリはまったく動かない状態で、1日経っても、2日経っても、その状態は変わりません。2日間で筆者についた「いいね！」の数は62歳と61歳の女性2人、30人のこちらから「いいね！」を押した女性からの返信はゼロです。

マッチングアプリでの婚活はひとりで活動するので、誰かの意見を聞くことができません。自分ではなにがいけないのか、わかりませんでした。

惨敗のまま時間が過ぎていくことに焦って、近所に住んでいる東カレ系のシングルマザーに相談しました。東カレ系シンママはおそらく元港区女子的な活動の経験者で、マッチングアプリには詳しいだろうと、たまたま顔を合わせる機会に話しかけました。

東カレ系シンママは筆者が作成したプロフィールをまじまじと眺めると、「話になりません。こんなんで『いいね！』がくるわけないです」と一刀両断しました。写真は明るさ、表情、自撮り、服装、髪型の全部にダメだしされて、プロフィール文に至っては「偏差値40、無理」とのことでした。

筆者が最初に書いたプロフィールは、

初めまして！数多くの方の中からご覧いただきありがとうございます！

仕事と自宅の往復で出逢いがなく、素敵な出逢いがあればと思って登録しました。仕事は出版社に勤めながら、いろんな媒体で記事を書いています。穏やかで、聞き上手と言われることが多いです。よろしくお願いします!!


という感じでした。婚活用のプロフィール文を書けと言われても、なにを書いていいのか、わかりません。短めの定型文をなぞりながら打鍵したのが、この文章です。文字数は少ないですが、仕事と性格を書き込んで、こんなものでいいかと思ったわけです。

東カレ系シンママはその場でノーパソをひらいて、筆者のプロフィール文をコピペしてその場で加筆してくれました。「趣味は？」「好きなミュージシャンは？」「好みのタイプは？」と質問されて、そのまま答えると文章が出来上がりました。好きなミュージシャンは「イエモンとかナンバーガールとか」と答えたのですが、なぜか「藤井風」になっていました。

仕事と自宅の往復で出逢いがなく、この先の人生をより豊かに過ごせるような素敵な出逢いがあればと思いこちらに登録しました！

【仕事】
出版社に勤めながら、いろんな媒体で記事を書いています。日々楽しく仕事もしたいこともあり、幅を広げるために、今年から新事業を計画しています。

【性格】
穏やかで、聞き上手と言われることが多いです。マイペースですが、面倒見もいいと言われ

ます。困っている人を見たら放っておけないタイプです。

【趣味】

〈音楽〉ロックが好きでライブによく行きます。よく聴くアーティストさんはブルーノ・マーズです。藤井風も好きです。

〈野球〉ヤクルトスワローズを応援しています。好きな選手は川端慎吾内野手です。

〈お酒〉まあまあ好きです。よく飲む銘柄はアサヒスーパードライです。

【休日の過ごし方】

〈ドライブ〉皆でバーベキューをしに出かけて、その帰りに温泉に行ったり。ショッピングに出掛けたり。秋には紅葉を見に日光の方へ行ったりします。紅葉渋滞の中でも楽しく過ごせるような方と出逢えたら素敵ですよね。

〈YouTube〉仕事柄必要なこともあり、最近は自宅の一部を改装し、YouTubeのスタジオ的なものを作って、撮影に挑戦しています。YouTube撮影してるよ、という方がもしいらっしゃったらYouTube談義を是非しましょう！

〈猫〉猫が好きです。アクティブに外に出ることもあれば、飼っている猫と一緒にのんびり自

宅で過ごす日もあります。

【好みのタイプ】
穏やかで健康的な女性がタイプです。

堅苦しくなく、気楽にメッセージをいただけたらと思います！

みんなでバーベキュー、秋にはドライブで日光に紅葉、藤井風などは筆者には身に覚えのない架空のことなのですが、プロフィールの文章は見事に改善されていました。最初の文章は等身大の筆者ですが、加筆後は明るくアクティブで健康的な中年男性という印象を受けます。プロフィールは見事に変貌したわけです。

それから美容室に行って洋服を買い、知り合いに頼んで写真撮影して、1週間程度を費やして準備をしてから、プロフィール写真と文章を差し替えました。そこから少しずつ女性から「いいね！」がくるようになり、こちらから押した「いいね！」にも2割くらいは返信「いいね！」がつくようになったのです。

このプロフィール文は活動の目的→自己紹介という流れで、自己紹介も仕事は必要最低限にして、【趣味】【休日の過ごし方】とプライベートな部分を詳しく書いています。

趣味は〈音楽〉〈野球〉〈お酒〉、休日の過ごし方は〈ドライブ〉〈YouTube〉〈猫〉と、細かく段落わけがされて非常に読みやすい。なにより、文章全体から**明るくポジティブな人柄が想像できます。**

筆者はプロフィールに結婚したい意思は書きませんでしたが、これから結婚相手を探すみなさんは、活動の目的に「婚活」の文字は入れたほうがいいでしょう。東カレ系シンママが加筆してくれた、この架空の趣味などが書かれた文章を、そのままマッチングアプリに載せました。

写真と同じく、実際に会ったときに現実と大きな乖離があると女性に不審がられます。しかし、若干の架空のことはあっても、明るく健康的なイメージを伝えたほうが得策と判断しました。プロフィールと実際の筆者のギャップは、事実に合わせてプロフィール文を直すのではなく、**筆者自身がこのプロフィール文に合わせるべき**だと判断しました。

東カレ系シンママの手を借りて大幅にリライトしたことで、婚活は文章にも清潔感が求められることを知りました。プロフィール文は明るく、健康的で、ネガティブな要素がないことが鉄板であり、逆に暗く、不健康で、ネガティブを感じる文章は絶対にダメだということです。

ネガティブな言葉、否定的な文章は絶対に書かない

プロフィールの文章は清潔感（明るい、健康的、ネガティブな要素なし）があって、読みやすい文章が正解になります。**ネガティブな言葉は事実であっても、一言すら許されません。**不潔な人間と判断されて、女性の排除対象にされてしまいます。

文章は自由なのでそれぞれですが、文字量は700～1200字、読みやすいように最初の挨拶からはじめて、【趣味】【休日の過ごし方】【好きな食べ物】【結婚観】などなど、段落はわけることにしましょう。それと頻繁に改行をして読みやすく、わかりやすいことを気にしながら、相手に文章で自己紹介をしてください。

1200字を一気に書いて、文字を詰めている文章は、頻繁の改行と200字程度を目安に【】をつけて段落わけをしてみてください。それだけで、読みやすい文章に変わるはずです。

では、ここで写真と同じく、マッチングアプリに現在進行形で掲載されているよくない文章例を見ていきましょう。

出会いを探して、こちらに登録しました。まず最初に、私からのいいねやなにかしらの理由で足跡を残してしまい、年齢やスペックその他でマイナスな印象をもった方は、大変申し訳ありませんでした。お手数ですが、ブロックをよろしくお願いします。

これは49歳、非正規職、年収300万円以下の男性のプロフィールにあった一文です。低スペックの自覚と、その現実にコンプレックスがあるようで、このような自虐的な文章からはじめています。この文章からどんな人物を想像するでしょうか、暗く、ネガティブで、こじらせているつまらない男性でしょう。少なくとも、**この男性と会いたいとは誰も思わない**はずです。

言うまでもないですが、ネガティブなことは一切書くべきではありません。この後、自分がどれだけ結婚したいか、真剣かということを長文にて熱く主張しています。しかし、根深いコンプレックスを抱えたネガティブな男性は、自己評価の低い現状では、どんなに活動をしても成功はないでしょう。プロフィール上はこの冒頭の文章を削除しない限り、誰からも「いいね!」がこないことが想像できます。暗くネガティブな現実があっても、**女性との最初の接点であるプロフィール文だけは明るくポジティブな清潔感を出すべき**なのです。

いったいこの男性は、どうしてこんな文章を書いたのでしょう。誠実に真摯に訴えれば、誰か

「ありのままの自分」を理解してくれる女性がいるはず、という甘えがあるのかもしれません。

結婚を前提にお付き合いできたらと思っています。見た目は自信ないです。タバコは吸いません。お相手の方も吸わない方を探しています。
お相手はジャニーズファンやアニメ好きな方でも、度を超えていなければ受け入れられます。

51歳の中小企業勤務の男性です。見た目に自信がないと低い自己評価から「タバコを吸わない方を探しています」と条件を出しています。さらに「ジャニーズファンでも度を超えていなければ受け入れられる」と、**女性に対して上から目線で否定的**なことを書いています。この文章から見識が狭い、無知、傲慢、家父長制みたいな老害的な男性の人物像が浮かんできました。

この文章の一番の敗因は、無意識に相手を選ぶことを書き込んでいることです。51歳で見た目に自信がないのに、**自分が女性を選ぶ立場という勘違い**に満ちています。客観性がなく、自分の立場を理解していないので、わざわざこんな嫌われるようなことを書いてしまうわけです。

いままでお付き合いした方は10歳から一回りくらい下が多かったです。
きっとそのくらいの方が一番幸せにできそうな気がします。心身ともに健康な素敵な方と

出会いたいなーと思っています。

50歳、物流関係の仕事をしている男性です。ピントのズレた写真を掲載、外見は年齢相応の普通です。収入も高くありません。途中の文章を抜きだしましたが、まず、10歳以上年下の女性が難しいことを理解していないようです。もう少し言うと、一回り年下の女性がこの男性と結婚することになんのメリットもない、という現実の理解がありません。間接的でも、女性の年齢を限定してしまうと出会うことはできません。

実は最近、まわりでも結婚が増えてきて、本気で意識しはじめています。結婚を意識したお相手とお付き合いできたらと思っています。子どもも好きなので温かい家庭づくりを目指しています。共通の考えをお持ちの方はいいね!を待っています。

49歳、中小企業勤務の男性です。写真はジャージ姿でした。この短い文章に突っ込みどころが満載で、49歳で「まわりに影響されて本気で結婚を意識する」のは遅すぎます。数年ではなく、25年間も遅いのです。子どもという単語をだして「温かい家庭をつくりたい」と書いていますが、これから結婚して子どもをつくるつもりなのでしょうか。誰もが思う「**25年間もいっ**

たいなにをしていたの？」という突っ込みに対する説明をしないと、誰にも相手にされないでしょう。

嫌煙家のかたは、私ではないほうへ移動してください。

基本的に恋愛は苦手で、いろんな意味で不器用です。コミュ力も低いです。相手に想いを、考えていることを伝えるのが苦手です。ですので、理解するのに時間がかかるかもしれません。

49歳、中小企業勤務の男性です。「私でないほうへ移動してください」と命令口調からはじまり、恋愛は苦手、コミュ力が低いとネガティブなカミングアウトをしまくっています。コミュ力の低い命令口調が得意で、恋愛が苦手な男性と、誰が恋愛をしたいと思うのでしょう。

自分がコミュ力を上げるのではなく、すべて相手が自分に合わせろという徹底した自己中心を貫いています。正直に自己開示すれば、誰かわかってくれるという甘えがあるのでしょう。

よく優しいとか、カッコイイと言われます。見た目は気にしないけど、フィーリングが合う人なら年の差なんか関係ないかな。結婚を前提に、健康な人からメッセージを待っています。

46歳、中小企業勤務の男性です。写真はかなりひどい気持ち悪い自撮りを掲載していました。「カッコいいと言われる」と自称していましたが、写真からはその形容は考えられません。文章に「カッコいい」と書くのではなく、それが事実ならば、**ちゃんと頑張って写真を撮って、写真だけでカッコいい自分を相手に伝えるべき**です。

「年の差は関係ない」という言葉も、上なのか下なのかわかりません。おそらく20代前半を狙っているのでしょうが、年上の50代でも60代でもOKならば具体的に書いて女性に伝えるべきです。残念ながらメッセージはこないでしょう。

いくつか問題のあるプロフィール文の具体例を出してみましたが、明るく、ポジティブで、謙虚で、清潔感がある文章でないと、女性に届くことはないとわかってもらえたでしょうか。ネガティブな言葉、ネガティブな自己開示も、婚活では一切NGになります。絶対にダメです。

Point

「ありのままの自分」で戦うのは甘えです!

16 事実をすべてオープンにするのはNG

戦略的にプロフィールを設定する

次は詳細プロフィールの設定をします。この設定もなるべく女性に出会えるように、すべて事実をオープンにするのではなく、戦略的にセッティングしていきます。

まず、大前提としてマッチングアプリを使う目的は、結婚相手を探す婚活です。**運命の人に一発で出会えるはずはなく、努力を重ねて多くの女性とマッチングして、複数の女性と比較検討しながら1人の女性を探していきます。**なので、1人でも多くの女性とマッチングすることが、マッチングアプリで活動する上での第一の目的になります。そうなると、プロフィールの段階で女性から対象外とされることを避けなければなりません。現実や事実をそのまま掲載して、理解してくれる女性だけを対象にする、という自己中心的な姿勢は捨ててください。

アプリによって項目は異なりますが、いまは筆者がログインするOmiaiの詳細プロフィール設定に沿ってやっていきます。他のマッチングアプリでも類似項目はあると思うので、自分の使うアプリに置き換えて設定してください。

【将来引っ越し可能か】

結婚するとなると、どこで暮らすのかという問題が出てきます。自分の家なのか、場所を決めて新居を構えるのか、カップルによってそれぞれでしょう。選択肢には「可能」「できない」「時と場合による」「その他」とあります。

将来引っ越しは可能か、という項目一つで対象外となるのは勿体ないです。**よほどの理由がない限りは「可能」にしましょう。**「できない」場合でも、対象外とされないために「時と場合による」と濁しておくのが無難です。

【同居人】

現在の居住状況です。選択肢は「ひとり暮らし」「ルームメイトがいる」「ペットと一緒に住んでいる」「親と同居」「その他」となっています。

ここで気をつけるのは「親と同居」です。

親と同居は子ども部屋おじさん、親の介護、とそれぞれでしょう。しかし、両者とも女性は避けたい、かかわりたくない状況です。本当のことを伝えると、ほとんどの女性に一発で対象外とされてしまいます。

お伝えした通り、子ども部屋おじさんは、これから結婚して新しい世帯をつくっていく者として許されるスペックではありません。家族想いで親の介護をしていたとしても、女性からはなんの評価もされないどころか、負債を背負った厄介な男性として排除されてしまいます。

どんな事情があっても、親と同居の自己開示はやめてください。事実を隠して「その他」でごまかしながら、婚活が進行して相手が見つかり、結婚が視野に入ってきた段階までに家を出て独立するべきです。子ども部屋おじさんであることは、相手の女性には秘密にしたまま成婚まで持っていくということです。

【結婚歴】

結婚歴には「未婚」「離婚」「死別」という選択肢があります。

どのカテゴリーでもプラスもマイナスもないので、事実を入力しましょう。

離婚の場合は、女性から早々に離婚理由を質問されます。離婚理由がアナタの浮気、DVなど、**あきらかに印象がよくない理由の場合、事実は伝えないほうがいい**です。離婚の場合は女性が不審に思わず、納得するような理由を、事前に準備したほうがいいでしょう。

【子どもの有無】


子どもの有無は「なし」「同居中」「別居中」という選択肢です。

大切なことなので事実を書くしかないですが、「同居中」の場合は、女性からはマイナス査定となります。子どもの有無についての考え方は、女性によってそれぞれです。「子どもは絶対に嫌」「小学生以下だったら嫌だけど、高校生や大学生ならばＯＫ」など、相手の子どもに対する考え方が違ってきます。

あきらかなマイナスとなる「同居中」の場合、まずは「登録をしない」を選択、女性とマッチングしてから、**様子を見ながら伝える**という方法もあります。


【タバコ】


嫌煙家の女性は多く、喫煙者には悩ましい項目です。

筆者は数年前から紙タバコをやめて加熱式タバコの喫煙者ですが、ずっと紙タバコを愛好してきた喫煙者でさえ、紙タバコの匂いは耐え難いものがあります。相手がタバコを吸わない場合、どんな人であっても、**紙タバコから加熱式に変更する程度の配慮は必要**かもしれません。

相手の嫌煙の度合いによりますが、喫煙者は一発排除を避けるために「登録しない」を選択、女性の嫌煙の様子を見るのがいいでしょう。

【学歴】

「高校卒」「短大専門学校卒」「大学卒」「大学院卒」「その他」となっています。

多くの女性たちは、学歴は社会に出てから関係ないと思っていても、相手には自分と同等の学歴を求めがちです。学歴云々よりも、自分と合う、合わないの問題と思われます。離婚理由の1位は男女ともに「性格の不一致」ですが、その理由は価値観や生活歴が似ていたほうが、話が合いやすい、生活が合いやすい、性格が合いやすいからです。

ターゲットの女性がアラフィフのキャリアウーマンとなると、ほとんどの女性は大学卒です。**高校卒は不利になることは必至**なので、よほど経歴や収入、現状に自信がある人以外は対策が必要かもしれません。

そのまま高校卒で戦うのではなく、意識高いふりをして通信制大学に入学してしまう手もあります。費用の安い中央大学法学部などに正規入学して学生になってしまうのもいいかもしれません。高卒よりも現役大学生のほうが印象はいいので、婚活のプロフィール目的の入学でも元が取れる可能性は十分にあります。

【年収】

年収は非常に重要なポイントになります。必ずすべての女性に見られます。「300万未満」「300万円以上～500万円未満」「500万円以上～800万円未満」「800万円以上～1000万円未満」「1000万円以上～1200万円未満」「1200万円以上～1500万円未満」「1500万円以上」という選択肢になっています。

男性の平均給与は全体で545万円、45～49歳では630万円、50～54歳は664万円です（令和3年民間給与実態統計調査／国税庁）。婚活はスペック勝負といわれますが、人間性などを見られる前段階のプロフィールで「年収＝その人の価値」という視点が入ることが大きな理由です。最重要なポイントなので、「500万円以上～800万円」のラインは死守したいところです。この年収は非正規労働者には厳しく、中小企業や斜陽産業の従事者には僅かに届かない人も多いでしょう。**年収450万円でも月5万円収入が増えれば、年収500万円に届きます。**婚活をきっかけに正規職を探す、副業やダブルワークに挑戦するなどを考えるべきかもしれません。

【出会うまでの希望】

Omiaiには「出会うまでの希望」という項目があります。

女性とマッチングしてからどうしていきたいか？という問いで、「マッチングしたらできるだけ早くお会いしてみたい」「しっかりとメール交換を重ねてお相手と会いたい」の二つが用意されています。

ここでは、**必ず「マッチングしたらできるだけ早くお会いしてみたい」を選択**してください。

写真やプロフィール、それとメッセージのやり取りだけでは、相手のことはなにもわかりません。マッチングをしたらなるべく早く会うのが合理的です。

慎重姿勢である「しっかりとメール交換を重ねてお相手と会いたい」には、業者や恋愛詐欺、ヤリモクや異常者を避けたい安全志向があるかもしれません。しかし、人と人との出会いにリスクはつきもので、過剰な安全志向のある人は、ツールを使う婚活には向いていません。

マッチングアプリは学校や職場、地域に限られていた出会いを、誰もに平等に自由化した画期的なツールです。出会いのリスクを嫌って過剰な安全志向があるならば、旧態の出会いである職場や地域で相手を見つけるべきなのです。

安全志向の女性はマッチングしても無意味な可能性があり、知らない相手と会うことに躊躇する女性は切ってしまってもいいでしょう。婚活は過酷な競争なので、**少しでも消極的な姿勢があると、男性も女性も勝ちを逃してしまいます。**

【お相手探しで重視すること】

「年齢・写真の印象」「生活・経験の豊かさ」「人柄・価値観」「恋活の真剣度」が用意されています。どれを選んでも、プラスもマイナスもないでしょう。自由選択でいいです。選択はどれでもいいのですが、婚活が目的なので「恋活の真剣度」を選ぶのがやや有利でしょうか。

【初回デート費用】

最近、ネットやSNSでよく話題になっている初回デート費用です。「自分が全て支払う」「自分が多めに支払う」「割り勘」「お相手が多めに支払う」「お相手が全て支払う」「お相手と相談して決める」となっています。

男女平等の社会が進んだことで、男性が女性にすべてを奢る慣習はおかしいのではないかと、最近はあちこちで議論がされています。アラフィフ男性の婚活ではどうすればいいかというと、**「自分が全て支払う」の一択**です。

残り時間のないアラフィフ男性は、食事や喫茶店代の費用負担という些細なことでチャンスを逃すべきではありません。大きなマイナス評価となる「ケチ」にもつながることなので、女性に対して数百円、数千円程度の金額でケチくさい素振りは見せるべきではありません。

婚活における女性との食事、喫茶店代、デート費用は未来のための投資と考えましょう。

詳細のプロフィール設定は、これで終わりです。

みなさん全員に共通するポイントは「親と同居」は絶対に選択しない、年収は「500万円〜800万円」を死守、「マッチングしたらできるだけ早くお会いしてみたい」を必ず選択、初回デート費用は「自分が全て支払う」ことでしょうか。

スペック競争である婚活では、写真とプロフィール、そして詳細プロフィール設定がそのままアナタの市場価値に直結します。嘘をつくのはダメですが、アナタの価値を著しく棄損する項目は、立ち止まってそのまま自己開示するのではなく、どう改善するか考えるべきです。

プロフィールはアナタの看板なので**できることはすべて手をつける**ことをオススメします。

筆者が仮に高校卒でアラフィフ婚活に挑むなら、学歴の項目を改善するために通信制の大学に入学します。大卒女性に高卒と胸の内で見下されるマイナスと、10万円〜15万円程度の入学費用を天秤にかけたとき、学歴を改善したほうがプラスに働く可能性があるという判断です。

Point

選択した「理想のプロフィール」に合わせて自分を改善する！

17 深く考えず「いいね！」を押しまくる

すべての対象女性に「ノールックいいね！」

アナタの最大公約数に近い写真、清潔感のあるプロフィール、余計な自己開示をしないプロフィールの詳細設定が終わったところで、やっとアプリを動かして女性に出会っていきます。マッチングアプリは、男性会員は女性会員のプロフィールを眺めながら、女性会員は男性会員のプロフィールを眺めながら、気になった女性に「いいね！」を押していきます。

アナタが「いいね！」を押すと、すぐにその女性にアナタから「いいね！」が来たことが通知されます。「いいね！」をもらった女性が、アナタのプロフィールを見て「いいね！」を返せば、マッチングとなってメッセージ交換ができるというシステムです。まず、**より多くの女性とマッチングしてメッセージのやり取りをすること**が目的になります。

ここで、とても重要なポイントをお伝えします。

アプリには膨大な女性が登録しています。あれこれ考えてプロフィールを熟読して好きな女性を厳選するのではなく、アナタがあらかじめ決めた対象女性に「いいね！」を押しまくってほしいのです。プロフィールを深く読まないで、深く考えないで、とにかく「いいね！」を押すことを**「ノールックいいね！」**といいます。

相手を写真やプロフィールで厳選しないで「ノールックいいね！」をする利点は二つあります。

一つはマッチングアプリでは**「いいね！」数が多いほど、人気会員と判断されて「おすすめ」や「人気メンバー」に選ばれる**ことです。積極的な人気会員と判断されることで、より多くの女性にプロフィールを見てもらえます。

自分から積極的に「いいね！」を押すことで、相手の女性にプロフィールが読まれます。そして、相手の対象内だった場合は「いいね！」が返ってきます。自分から積極的に「いいね！」を押して、より多くの女性の目に留まって、アナタの累計「いいね！」数は伸びていくわけです。

「いいね！」を押す前段階で女性を厳選すると、アナタの累計「いいね！」数が増えません。**累計「いいね！」の数はモテる、モテないの指標**となるので、女性からはモテない男性と判断されてしまいます。誰にもプロフィールを読まれないまま埋もれてしまう可能性もあり、必然的に「いいね！」数とマッチング数は減ります。

マッチングアプリは「いいね！」を押せば押すほど可能性が広がり、押さないほど選択肢を狭めてしまうのです。

二つめの理由は、**人は会わないとなにもわからない**ということです。

女性のプロフィールをどれだけ眺めても、情報は限定的で、その情報も嘘か本当かわかりません。プロフィールの段階で女性を厳選し、好意を持っている女性とだけメッセージ交換となると、それなりに心も盛りあがってしまいます。

人は会わないとわからないので、その前段階で心を動かしてしまうと、膨大な無駄な時間と労力が生まれます。たとえば、1か月間メッセージ交換をして心が盛りあがった相手が、実際に会ったときに写真と全然違う人物だったらどうでしょうか。アナタがその相手に費やした1か月間の時間と労力は、すべて無駄となってしまいませんか。

マッチングアプリではとにかく機械的に女性に「いいね！」を押しまくり、マッチングしてメッセージ交換をする関係になってから、初めてその女性とどうしたいのか考えるのが合理的です。「いいね！」は上限を超えると費用もかかってきますが、**「いいね！」を押すことはマッチングアプリの根幹**であり、女性と出会うために必須なので、投資と思ってどんどん課金してほしいのです。

その女性とどうするかはマッチングしてから考えます。対象内の女性で会いたいならば、会いたい意思を伝えればいいし、興味がなければマッチングしてもメッセージ交換をしないで切ってしまえばいいのです。

みなさんのなかにプロフィールで女性を厳選して、「一人一人と誠実にメッセージの交換をして関係を深めていきたい！」みたいな人はたくさんいそうです。最重要なことなので、繰り返します。

膨大にいるアプリ内の女性に「いいね！」を押しまくってください。

女性のプロフィールで見るポイントは、写真、居住地、職業、年収くらいでしょうか。十数秒でその項目を確かめ、条件に合致していたら機械的に「いいね！」を押します。このプロフィールの女性のことを愛せるか、結婚できるかなどなど、深く考えることはやめてください。人は会わないとわかりません。慎重な姿勢では誰にも「いいね！」を押せなくなってしまいます。**その時点で負けが決定**なので、とにかく「ノールックいいね！」が有効なのです。

必要なのは「醒めた冷静な心」

とにかく深く考えないで「いいね！」を押しまくる。**マッチングやメッセージ交換で一喜一**

憂しないことが求められます。女性との出会いが目的ですが、心を盛りあげないでください。マッチングアプリの婚活では醒めた冷静な心が必要です。さて、どうして婚活に醒めた冷静な心が必要なのでしょうか。

アナタが女性のプロフィールを真剣に眺めて、相手に好感を持って将来像を抱いてから「いいね！」を押したとします。その**「いいね！」は基本的には返ってきません。**アナタは少なからず心にダメージを受けるでしょう。

プロフィールを熟読した時間、相手のことを想った時間、将来の妄想を膨らませた時間のすべてが無駄となって、さらなるダメージを負うわけです。返信がないこと、無視されること、断られることが前提のマッチングアプリで**心を盛りあげることが、いかに無駄か**

絶対NGの女性でなければ
とにかく「ノールックいいね！」

わかってもらえたでしょうか。

ここで、1人の女性と会うまでに、どれくらいの女性に「いいね！」を押すことが必要か簡単に計算してみます。アラフィフの男性はモテないので、基本的に「いいね！」は返ってきません。こちらから送った「いいね！」でマッチングできるのは、15人に1人程度、実際に会うことができるのはマッチングした10人に1人だとします。

15人（1人のマッチングに必要な人数）×10人（初回デートまでに必要な人数）＝150人

あくまでも筆者が簡易的に計算した仮説ですが、**1人の女性と初回デート（お見合い）するために150人の女性に「いいね！」を押すことが必要**になってきます。結婚までに何人の女性と会うかはそれぞれでしょうが、20人、30人というのはザラでしょう。30人に会うためには4500人の女性に「いいね！」が必要となると、もう想像を絶する数となってきます。

マッチングアプリで実際に相手のことを考えるのは、実際に会ってからになります。そこに至るまでは条件に合致する女性に**機械的、習慣的に「ノールックいいね！」**を押していきます。たとえば、朝起きて30人に「いいね！」を押し、昼休みに20人、夜に30人とノルマを決めてもいいくらいです。

そうしているうちにマッチングする女性は増えていきます。アナタの累計「いいね！」も増え、たまに女性側からの積極的な「いいね！」も舞い込んできます。とりあえずたくさんマッチングして、お見合いを繰り返して、たくさんの選択肢のなかから、どの女性がいいかを考えていけばいいのです。

Point

「いいね！」は押せば押すほど可能性が広がる！

18 自分のアピールをせず、女性の話に共感する

メッセージ交換は「なるべく早く会う」ことを目的に

女性とマッチングしたらメッセージ交換をして、会話を進めていきます。

筆者は文章で会話するのが苦手なので、なかなか苦戦しました。

ここで「人は会わないとわからない」という初心に戻ります。メッセージ交換で女性と仲良くなるのは最優先ではなく、目的はなるべく早く会うことになります。プロフィールと同じく、メッセージには明るく健康的な清潔感が求められます。メッセージでの会話は、**相手にアピールして好きになってもらう場所ではなく、お互いが会って大丈夫な人物であるのか確認する場所です。**

最初のメッセージは時間によりますが、マッチングしてすぐに送ったほうがいいでしょう。筆者が女性とマッチングしたと想定して、最初のメッセージを書いてみます。

【例】

はじめまして、板橋区在住の中村と申します。マッチングありがとうございます！スパイス料理が好きなのですね。僕もスパイス料理です。特にネパール料理は気になっています。

写真に猫がいましたが、〇〇さんの猫ですか？　かわいいですね。

こんな文章で十分でしょう。初めに挨拶して、マッチングのお礼を言います。そしてアカウント名ではなく、**居住地と本名を伝える**自己開示をします。2行目には女性のプロフィールで気になったところを伝えて、3行目で写真に写っていた猫について質問をしています。

ポイントは読みやすい短い文章、相手のプロフィールにある情報に共感して、相手が返答しやすい質問を添えているところです。女性とメッセージで会話をして安心感を与えることが目的なので、**返信がしやすいように必ず女性に対してなにかしらの質問**をしてください。このメッセージならば、相手が不快になったり、困ったりすることはないので、返信がくる可能性は高くなります。

1通目のメッセージでコケると、ここまでの「いいね！」を押し続けた作業が水の泡となってしまいます。ミスをしないように、悪例もやってみましょう。

【悪例】

はじめまして、板橋区在住の中村と申します。マッチングありがとうございます！僕はヤクルトスワローズが好きなので、できたら神宮球場に一緒に行ってくれたりしたらうれしいです。

写真に猫がいましたが、〇〇さんの猫ですか。どうして猫を飼っているのですか？

挨拶からはじまる短い簡潔な文章はいいのですが、なぜか自分が好きでプロフィールに載せていたヤクルトスワローズの話をしています。最後の質問も、「どうして猫を飼っているのですか？」と聞かれても、女性は答えるのが難しいです。

このメッセージをもらった女性は、どう思うでしょうか。返信するには興味のないヤクルトスワローズに触れないと失礼になるし、野球に興味がないので神宮球場なんて行きたくありません。

さらに、「どうして猫を飼っているのですか？」と質問されても、そんなことは考えたこともありません。困ってしまいます。返信は難しく、せっかくマッチングとなっても、返信しないことで関係を切るという結果となってしまうわけです。

1通目のメッセージは、相手のプロフィールにあるなにかに共感し、相手に興味があるという姿勢をみせて、簡単に答えることができる質問を添えるのが基本になります。**質問をするのは会話をするためです。**ここでは「○○さんの猫ですか？」と質問をしたことで、なにかしら猫に関する返信がくることが予想できます。

相手の文脈で会話を続け、お見合いに誘う

とにかくメッセージを受け取る女性のことを考えて、簡潔な清潔感のある文章を書いていくことが大切です。

1通目のメッセージを出したことで、予想通り、返信がきました。返信がきたことはアナタのことが**少なくとも嫌ではなく、まだ脈があるというサイン**となります。そのまま猫はオスかメスか、何歳か、種類はなにかみたいなメッセージをやり取りして、会話を進めればいいのですが、まだ友だちでも知り合いでもないので**丁寧な言葉で返す**ことは心がけてください。2通目を返してみます。

【2通目①】

返信ありがとうございます！

猫はスコティッシュフォールドのオスなのですね。ヒカキンも飼っているので知っています。うちは猫を飼いたくても、ペットNGの部屋なので断念したのですが…○○さんは、どちらにお住まいなのですか？


【2通目②】

返信ありがとうございます！

猫はスコティッシュフォールドのオスなのですね。スコって人気ナンバーワンですよね。かわいいので、もうちょっと聞いていいですか。スコちゃんは何歳で、性格どんな感じですか？


こんな感じで会話は継続すると思われます。

しかし、会うことが目的なのでメッセージでの雑談は、相手は苦痛に思っているかもしれません。すぐに返信が返ってきて、会話に勢いがついているときは雑談を継続してもいいと思いますが、間が空いているときはいったん終了して、翌日にまたプロフィールからネタを拾って、メッセージを送ってみるのがいいでしょう。

おそらく女性は複数の男性とメッセージ交換をしています。複数人との同時進行のメッセージ交換は労力なはずで、「人は会わないとわからない」のは女性も同じです。お互いが婚活をしていて、お見合いの日程を決めるのが目的となれば、猫の雑談を3~5往復したところで会うことを誘ってもいいかもしれません。

婚活中なので〇〇さんが気になります。猫の話の続きもしたいですし、なるべく早く一度お会いすることはできないでしょうか?

このようなメッセージでイエスノーは返ってくるはずです。婚活でお見合いを重ねることは共通認識なので、恋活の初デートと比べるとイエスとなる可能性は高くなります。OKとなったら、こちらから場所と日程の候補をあげてアポを取りましょう。

また、「仕事が忙しい」「時間がない」「シフトがでたら、また連絡します」みたいな返答がきたら脈はありません。女性にとって婚活は仕事よりも優先事項が上なので、「仕事が忙しくて時間がない」というのは基本的にお断りの意思となります。その女性とのメッセージ交換はストップして、次の女性に行くべきです。

こうしてマッチングした女性と、お見合いのアポを取ることを目的にしてメッセージ交換を続けます。この段階では、まだ心を盛りあげてはいけません。醒めた冷静な心を保ちながら、女性の立場に立ちながら淡々とマッチングした女性とメッセージ交換を続けます。

メッセージ交換する女性は、多ければ多いほどいいです。アラフィフの男性はマッチングが難しいので、1人ずつになるかもしれませんが、5人、6人と頑張れるならば同時進行でメッセージ交換をしていくべきです。

お見合いまで持ち込んで、実際に会う女性が多いほど、アナタの選択肢は広がって、相手から選ばれる可能性も高くなります。それと同時進行で比較対象の女性がいるほど、相手のいい部分、悪い部分が見えてきます。必然的に**「お見合いした女性の人数＝婚活成功の可能性」**となるので、「いいね！」を押すことと、会うことを目的としたメッセージ交換はひたすら頑張るしかありません。

ちなみに結婚相談所は、最初に会うまでのお膳立てはしてくれます。メッセージ交換でお見合いに持ち込むまでの労力がいらないので、このメッセージ交換の結果が芳しくなかった場合は、相談所を検討するのもいいかもしれません。

Point
脈の有無を見定めて冷静に淡々と

第三章まとめ CHECK！

- ☑ 美容室に行って「清潔感ある髪型で」と注文する
- □ 婚活ファッションは「全身ユニクロ」で揃える
- □ コーラやポテチ、から揚げを食べるのをやめる！
- □ 婚活ツールで使うのは「マッチングアプリ」
- □ 真剣にプロフィール写真を撮影する
- □ 明るくポジティブなプロフィール文を書く
- □ 相手に共感しながら、相手軸でメッセージ交換する

第四章

婚活傾聴
お見合いで女性の心を掴むコミュニケーション術

19 婚活は「聞く」が9割

女性に共感して「好感」を引きだす

婚活ではマッチングアプリで知り合った女性を誘ったり、または結婚相談所から紹介された女性とお見合いをします。人によっては初デートとも言いますが、喫茶店やカフェで顔を合わせて会話するので、婚活では「お見合い」という言葉を使ったほうがしっくりきます。

ここで筆者が提唱するのは、「傾聴」によってお見合いを乗り切ることです。

傾聴とは相手の話を熱心に聞くコミュニケーションの手法で、「相手の話を相手の立場に立って、相手の気持ちに共感しながら理解すること」と定義されています。女性に対して自分の話や魅力をアピールするのではなく、とにかく女性の話を聞いて、その場の会話をつくっていきます。口下手でも聞くことはできるので、コツを掴めば誰でもできるコミュニケーションです。

どうして女性に対してアピールする場であるお見合いで、積極的に傾聴を使っていくのか。そのメリットは5つあるので挙げてみましょう。

①人は話を聞いてくれた相手に好感を持つ。
②女性は会話に共感を求めている。
③女性のことを知ることができる。
④女性を会話によって楽しませる必要がない。
⑤女性に対して、余計なことを言わない。

どうでしょうか。婚活で初めて会う人間関係がない女性に対して、傾聴を使うことはメリットだらけなのです。

具体的に説明すると、①「人は話を聞いてくれた相手に好感を持つ」は性別に関係なく、人は自分の話を聞いて欲しいと熱望しています。その意識を逆手にとって相手の話を傾聴すれば、この人は自分の話を聞いてくれたと、願望を叶えてくれた相手に好感を持つだろうという考え方です。

なので、会話で相手が話をすればするほど、自分に対する好感は高まっていると思っていいでしょう。**熱心に自分のアピールをするより、黙って女性の話を聞いていたほうが好かれる**可能性があるということです。

②「女性は会話に共感を求めている」は、女性は人との会話において議論や問題解決でなく、共感を求めています。女性同士の会話で、お互いがひたすら喋っているのをみなさんも見たことがあるでしょう。女性が話していることを傾聴して、ひたすら共感していれば、話はどんどんと進んでいきます。

ひたすら共感するので、アナタの考えや意識は会話に持ち込みません。**本心では女性の話に反対意見やアドバイスをしたくても、自分の考えや意識は封印してひたすら共感をします。**お見合いはせいぜい60分間程度であり、その時間は女性が求めている共感だけを提供します。初対面で制限時間のある女性相手の婚活のお見合いと、傾聴はあまりにも相性がいいのです。

③「女性のことを知ることができる」は、会話は聞き手がインプット、語り手がアウトプットという大前提があります。**お見合いで女性の話を傾聴するほど、情報入手となって女性のことがわかります。**

相手のことを知って好感を持つこともあるし、逆に嫌になることもあるでしょう。どちらに転んでも、情報を入手することはメリットしかありません。

④「女性を会話によって楽しませる必要がない」は、口下手で女性との会話にコンプレックスを抱える人に朗報です。会話に共感を求める女性は、自分の話をしたい人ばかりです。女性との会話で自分の話術によって楽しませる必要など、まったくないのです。

口下手で女性に苦手意識を持つ人は、悩む必要がないことで悩んでいます。女性相手の会話は**「相手の話を聞いていればいい」**それだけで十分です。女性を楽しませる必要はないし、相手の話を聞いているだけでいいと理解すれば、肩の荷が下りてリラックスして女性との会話に臨めるのではないでしょうか。

Point

傾聴なら口下手でもお見合いを乗り切れる！

20 女性に余計なことを言わない

傾聴は最大の防御、守りのコミュニケーション

①〜④でも効果は抜群ですが、婚活における傾聴の最大の効果は⑤「女性に対して、余計なことを言わない」ことです。

モテなかったり、お見合いを重ねながら次に繋がらない男性の多くは、女性に対して言わなくてもいいことを言ったことでフラれています。その敗因を**相手が話して、自分が聞く**傾聴によって回避します。

傾聴を意識したコミュニケーションでは、聞き手は自分が話すことを意識的に封印して、相手に語ってもらいます。聞き役という立場を意識することで、発言を極力減らして、女性に対して「余計なことを言わない」という効果を目指していきます。

お見合いは、女性と会話を楽しむ場ではありません。みなさんが結婚相手としてふさわしいか、女性から見定められる評価の場です。女性は減点方式で男性を評価します。減点となる、そ

もそもの原因は男性が女性に余計なことを話してしまうことにあります。自分の発言で、自分の評価を下げているのです。

では、余計なこととはなんなのでしょうか。ここでは具体的に説明していきましょう。聞いている相手の立場に立ったら、余計なことを言うことがいかにまずいか理解できるはずです。

【自慢話】

まず、女性たちが辟易しているのは、男性の自慢話です。

初対面のお見合いの場面で、自慢話をしてしまったら、もう次に会えることはありません。自慢話は過去の武勇伝、苦労、職業、仕事、役職、学歴、過去のモテ話、家族、家系などなど様々で、もう全部がダメです。**アナタの自己アピールがそのままマイナスになっているわけです。**

中年男性が思わず自慢話をしてしまう原因で際立つのが、男尊女卑や年功序列が身に染みついているパターンです。アラフィフ男性にはたくさんいます。自分の生きてきた時代や、過去の選択、また過去の苦労などを、正しいと思い込んで相手に自慢をしてしまうわけです。

アラフィフは昭和40年代後半～昭和50年代前半生まれです。自分が生きた時代や価値観は古いという自覚と、現在の社会がどうなっているのかの理解は必要です。ズレを矯正しないと、いつまでも自慢話を続けてしまう最悪な事態になりかねません。

反対に、婚活を続けていれば、自慢話が多い女性にも遭遇するでしょう。自慢話をする女性は承認欲求が強く、自己愛が強く、とことん自己中心です。自分自身を客観的に見ることができていません。そのような女性に遭遇したら、みなさんはおそらく辟易するでしょう。**男性も、女性も、百害あって一利なしの自慢話**は、新たな人間関係を築きようのない鬼門なのです。

【趣味、パチンコ、風俗の話】

初対面同士の会話で趣味の話をすることは鉄板です。

男性の趣味は車、映画、スポーツ観戦、漫画、ロック、二次元、アイドルなどなど、いろいろでしょう。基本的に男性の趣味に女性は興味なく、アナタが熱心に趣味の話をしても興味のない女性は上の空でしょう。

オタク系の性格の方で趣味の話になると、とまらなくなってしまう人をよく見かけます。たとえば、ガンダムに興味のない女性がガンダムの話をひたすら聞かされたら、意味がわからないのでかなりツライです。先日、プロ野球好きの男性の話がツラかったという苦言も聞きました。ガチのファンは球団や選手に依存して、毎日、毎日熱心に球場に通っています。プロ野球に興味のない女性からみれば、毎日数時間もの膨大な時間を観戦につぎ込んでいる状態は異常でしょう。

趣味の話は相手に興味がないことを前提として話さないと、ウザがられて嫌われます。**理解できない相手に理解を求めるのではなく、偏狭なまでにハマっているアナタが普通ではないという自覚が必要です。**

最悪な趣味はパチンコやアイドルの追っかけ、風俗通いなどでしょうか。一歩引いて眺めたらギャンブル依存、ロリコンの変態、異常性欲を疑われます。そんな趣味にハマっていることを、**ぽろっと口を滑らせただけでアウト**でしょう。

それらの趣味が悪いと言っているわけでなく、わざわざ初対面の女性に言うのをやめましょうということです。悪趣味の話は、思わず語ってしまう余計なことの代表格といえるでしょう。

【仕事の話】

意外でしょうが、仕事の話もお見合いにはふさわしくありません。

男性が仕事の話を、女性相手に熱心にしてしまうのはありがちです。自分がいかに素晴らしい仕事をしているか語りまくっても、**ほとんどの女性はアナタの仕事に興味がありません。**結婚相手を探しているので、どんな仕事をしているかくらいは聞きたいですが、その詳しい内容や仕事に対する姿勢や熱量などは、どうでもいいことです。

また、仕事の話は内容によっては自慢話にもなりかねません。前向きなポジティブなことでも危険です。ポジティブな内容でもダメなのに、愚痴や上司の悪口などをしてしまったら、もう相手は耐えられなくなってしまいます。**仕事絡みの愚痴や悪口は、仕事ができない、無能と自分で言っているようなもので、即、結婚対象から外されます。**

「出版関係でライターをしています」

たとえば、筆者だったらこの一言で十分です。言うのに3秒くらいでしょうか。これが5分、10分になってしまうと、相手をウンザリさせることを理解しておきましょう。

【家族の話】

家族の話も、マイナスです。やめましょう。

結婚相手を探すお見合いなのだから、家族の話をするのは当然と思う人もいるかもしれません。しかし、**アナタが家族とどんなに仲がよくても、すごく悪くてもマイナスに作用します。**目の前のアナタのこともなにもわからない段階で、「家族と仲いい」とか「家族が大切」みたいな話は、まず他人はどうでもいい話です。

たとえばアナタが「自分は親を大切にしていて、家族が大好きで、家族に大切に育てられた」と、お見合い相手の女性に熱を込めて語ったとしましょう。

女性は言葉通りに、家族想いの素敵な男性とは思いません。アナタに対してマザコン、親と同居、将来の介護要員などなど、ネガティブな疑いが渦巻いているはずです。マザコンも、親と同居も、一発で結婚対象から外される重大な事項なので、誤解されやすい家族の話はリスクがあるのです。

一方、同じ家族でも犬や猫を大切にしていることは、いくら語っても大丈夫です。ペットを大切にしていることは優しさ、温和な人柄、大人の余裕を想像させるのでマイナスには働きません。

【友だち、仲間の話】

友だちの話もデンジャラスです。

よく友だちや仲間の話をしたがる人がいますが、アナタのことがなにも伝わっていない段階で登場人物を増やすべきではありません。仲間のいる素晴らしい人柄であることを伝えたかったとしても、**交友関係の広さは評価対象とはならない**ことは覚えておきましょう。逆に中年になっても自立していない、未成熟な幼い人と思われる可能性もあります。

フェイスブックが顕著ですが、中年男性が集まって仲間自慢みたいな投稿を気持ち悪がる人もたくさんいます。親友と仲間が素晴らしいと思っているのはアナタだけで、独りよがりになっている可能性は自覚しましょう。それと、女性がアナタとの結婚を想定したとき、妻や家庭のことより、親友や仲間を優先するだろうみたいな疑いも与えかねません。友だちの話もするのはやめましょう。

【お金の話】

お金の話もやめてください。

アナタが結婚する女性は働いている社会人です。自立してひとりで生きる女性は、結婚したとしても、男性を扶養するのは当然、金銭的に支える気はさらさらないのが普通です。結婚をしても、夫婦の財布は別、それぞれが自立しながら生活費を出し合う形になるでしょう。結婚をしたからと、別である相手の財布は、アナタになにも関係がありません。自分の消費に対して、夫には口を出されたくないので、お金のことは必要以上に話さないほうがいいでしょう。

給与額や預金額も、職業や現在の生活から想像できるので、わざわざ聞く必要はないかもしれません。婚活がうまくいって**結婚に向けての話になったとき、お金について確認するのは、借金の有無くらい**でいいでしょう。

お見合いや、それからの数回のデートの段階では、お金の話は一切しないほうがベターです。

【前妻、元カノの話】

前妻や元カノの話もやめましょう。

お見合いの場では、相手の女性から以前の結婚生活、以前の恋愛のことを質問されるでしょう。返答には、**言葉を選んだ細心の注意が必要**です。

離婚した理由がアナタの浮気やDVだった場合は、絶対に事実を言ってはいけないし、逆に相手の女性が悪かったとしても、別れた女性のことを悪く言ってはいけません。質問する女性は、過去の離婚や恋愛の話を自己投影してアナタを見定めています。離婚理由に難がある場合は、当たり障りのない返答を準備しておく必要があります。

「何年も前の過去の恋愛を引きずっている」「忘れられない好きな人がいる」みたいな話も、もちろん絶対にしてはいけません。そんな人いるの？と思われるでしょうが、女性慣れしていない男性にありがちです。女性に対する自分の誠実さを伝えたいと思っての発言だったとしても、何年も前の恋愛を引きずっている未婚中年男性の存在が気持ち悪いので即時にフラれます。

過去の離婚や恋愛の話をするのは、相手に質問をされたときだけにしてください。その返答も、女性に引かれないように考え尽くしてから発言しましょう。繰り返しますが、**別れた女性のことを悪く言うことは絶対にNGです。**

【結婚を想定した話】

婚活のお見合いや、初期のデートの場面で「どこで暮らす?」「子どもは何人欲しい?」など、結婚を想定した話をする男性が多いようです。

婚活でアナタと会っているのは、好きだからではなく、結婚相手としてふさわしいかを検討するために会っています。アナタが相手のことが好きだとしても、女性はお見合いの段階では好きで会っているわけでないので、結婚を想定した話は時期尚早です。勘違いして暴走して先走ると、会話が成り立たず、気持ち悪いので関係は終わりとなります。

婚活はお見合いからはじまって、関係を続けるのであれば平均週1ペースで会い続けます。**結婚を想定した話は、女性が結婚を意識してから初めてするべき**で、男性からするべきではありません。女性が結婚を想定していたら、いずれ女性から話をふられます。お見合いや2回目、3回目のデートの場面で、女性に結婚を想定した話をするのはやめてください。

お見合い、2回目のデートの場面で女性に言ってはいけない「余計なこと」がたくさんあることを理解してもらえたでしょうか。だからこそ、女性の話を積極的に傾聴することで、自分自身が「余計なこと」を言わないように防戦を張るわけです。

ここで伝えた「余計なこと」は、めちゃめちゃ重要なことです。ミスすると、一発アウトなので次はありません。なにを言ってはいけないのか、この項目を何度も読み返して頭に入れてからお見合いに向かって欲しいです。

婚活は一つのミスも許されない綱渡り

女性はお見合いの場面で、アナタの一挙一動、発言の一つ一つを注意深く見ています。一つのミスも許されません。女性によって評価基準は異なってきますが、たとえば【友だち、仲間の話】を熱くしてしまって即ブロックみたいなことは十分にありえます。**ミスをした瞬間に結婚対象から外されて、2回目に会えることはなくなるわけです。**

婚活ではマッチングアプリや結婚相談所を介して男女が出会い、お見合いでお互いを結婚相手としてふさわしいかを見定めて、お互いの合意があった場合に次のデートに進みます。初対面のお見合いを突破して2回目のデートへ、さらにそこを突破して3回目のデートと、トーナメント戦のような戦いが繰り広げられます。

マッチングアプリは女性が有利なので、婚活中の女性が会っているのはアナタだけではありません。女性はアナタがミスをした瞬間に切って、次に行くだけです。そして、アナタはまたマッチングアプリで「いいね！」を押すゼロからやり直しとなります。

婚活をすれば、すぐにわかりますが、アラフィフの男性にとって女性とのお見合いは非常に貴重な機会になります。次々と出会えることはないので、「余計なこと」を言ってしまう発言で脱落してしまうと、いつまでもゴールに到達しません。

女性とのお見合いやデートは、**冷静な心で緊張感を持って集中し、戦略的に突破**していかなければならないのです。

傾聴は女性のことを知りながら、共感によって女性に好かれて、発言のミスを最小限にとどめることができます。だからこそ、婚活において傾聴は最強の武器だといえるのです。

Point

「余計なことを言わない」だけで女性に嫌われない!

21 女性が語りたくなる環境を整える

お店の下調べ、席の予約は必須

婚活では女性とマッチングしてメッセージ交換、頃合いをみて男性から誘ってお見合いとなります。初対面の女性から一挙一動を評価されるお見合いは、一つのミスも許されない緊張を強いられる場面です。

お見合いは一般的に喫茶店で60分〜90分程度の会話をして、話が盛りあがってお互いが交際を続けたいと思えば、その場で2回目のデートの約束をするか、もしくはその日のうちにLINEで次の約束をします。

ここでは、お見合いのときの待ち合わせから別れるまでの1時間強を、戦略的に考えます。まず、**やってはいけないのは無計画で実行すること**です。たとえば、新宿のアルタ前で待ち合わせて、出会ってから近くの喫茶店に行こうというボンヤリしたプランだと、アクシデントが起こったときに対応ができません。

新宿に土地勘がないと喫茶店がどこにあるかわかりません。さらに土日は混んでいるので、満席だったらどうするのでしょうか。

女性を連れて喫茶店を延々と探したり、慌てたりしたら、会話をする前にダメの烙印を押されてしまいます。喫茶店が空いていたとしても、出たとこ勝負では席の形状、椅子の配置、隣席との距離などがわかりません。適していない場所だった場合、距離が近く、狭い店だったら会話は盛りあがりようがありません。出たとこ勝負では、どこかで失敗してしまいます。

では、どのような店がお見合いに適しているのでしょうか。

傾聴では語り手である女性がリラックスすることが求められます。落ち着かない窮屈な場所とリラックスできる場所では、語る内容も違ってきます。女性が語れば語るほど、聞き手への好感が増えるとなると、**女性がリラックスできる環境を整える**必要があります。

まず、会話をするとき、席の座り位置やテーブルの形状は重要です。

座り位置はお互いが正面で向き合ってしまうと、対立の位置なので息苦しさを感じます。息苦しいと落ち着かないので、ここを出て早く帰りたいとなってしまいます。

正面で向き合うことを避けるためには、対面の2人席はNGです。4人席を2人で使って斜め位置に座るか、L字に座ることができるテーブルの形状の店を探します。それと、相手との距離です。相手がリラックスするためには、**パーソナルスペースの距離感を保つ**ことが必要で、距離が近すぎると相手は不快に感じて語りどころではなくなってしまいます。

パーソナルスペースは恋人や家族だけが許される「密接距離」（〜45㎝）、友人やよく知る者の「個人距離」（45㎝〜120㎝）があります。喫茶店や飲食店で会話に適した距離は、個人距離の中間である90㎝〜100㎝程度は欲しいところです。

正面で向き合わない＋90㎝以上の距離が取れる場所。

これがお見合いのベストな場所であり、条件となります。どのような喫茶店、飲食店ならばOKか見てみましょう。

×喫茶店の2人席（正面で向き合う）
○喫茶店の4人席（斜めに座って90㎝を確保）
×ファストフードの2人席（正面＋90㎝以下）
○ファミレスの4人席（距離90㎝以上、正面で向き合わない）
○高級ホテルの喫茶ラウンジ（余裕がある席配置）
×赤提灯系の居酒屋（対面も両隣も90㎝以下）
○カラオケボックス（自由にポジションが取れる）
◎レストランの四角い4人席（L字で座れる）

調べても、実際に知る店でないと条件をクリアしているかわかりません。新宿で待ち合わせて適当な喫茶店を選ぶみたいな姿勢では、会話に適した席を確保できるか微妙です。婚活のお見合いは成功、失敗が人生を左右します。失敗が許されない重要な場面なので、あらかじめの**下見や予約が必須**となってきます。

筆者は東京・飯田橋にある「カナルカフェ」のL字席という完璧な場所を見つけました。実際にそこを何度も使っています。飯田橋のカナルカフェは席配置と距離だけでなく、川沿いから駅を眺める壮観な景色、野外の解放感とリラックスができる要素がすべて揃っていました。

女性とのお見合いでは、傾聴に適した店を探してください。

ちなみに結婚相談所では高級ホテルの喫茶ラウンジを推奨しています。しかし、ホテルの喫茶ラウンジは曜日や時間帯によっては混んでいるので入店できない、待たされるといった事態も想定できます。事前の調査は必須です。

45㎝以内の密接距離には注意

女性とのトラブルや嫌われる行動でよくあるのは、女性と距離が近すぎることです。密接距離の45cm以内に近づくことは、常に意識して、ないように気をつけましょう。

傾聴に適した環境を意識すれば、まず店内で45cm以内に近づくことはありません。女性と人間関係ができるまでは、密接距離になる可能性があるカウンターバーや狭い個室居酒屋などは避けるべきです。パーソナルスペースに他人が入った瞬間に、女性は落ち着かなくなり、嫌悪感が芽生え、会話どころではなくなってしまいます。

Point

パーソナルスペースを意識した距離を確保する

22 共感＋相手に興味を持つ＋否定しない

人は「聞く」より「話す」ほうが楽しい

実際のお見合いになる前に、傾聴の基本をお伝えします。

アナタは話しているときと聞いているとき、どちらが楽しく充実しているでしょうか。ほとんどの人は誰かに話しているほうが高揚して楽しい気持ちになるはずです。

お見合いで積極的な傾聴を推奨するのは、**女性は自分の話を聞いてくれる相手を求めている****だろう大前提の仮説と、女性は会話に共感を求めている事実**に基づいています。なにも知らない初対面の女性を楽しませようと必死に話をしたり、自分が結婚相手としていかにふさわしいかをアピールするより、女性が話していることを傾聴し、とにかく共感したほうが成功の可能性が上がるだろうという考え方です。

傾聴に必要なのは、簡潔に言うと「共感」「相手に興味を持つ」「否定しない」の3つをマスターすることです。そして、**相手の話を最後まで聞くという姿勢**を貫くことです。それだけで、相手はどんどんと語ってくるようになります。

【共感】

まず、相手の話は無条件に「共感」してください。アナタの好き嫌い、いい悪い、認める認めないなどなど、**すべての自分の主観は消去**します。自分自身と相手の女性を完全に切り離すということです。

会話がはじまったら、女性の立場に立って共感していきます。女性が嫌いなこと、認めたくないことを言ったとしても、「そうなのですね」「それはいいですね」と必ず共感してください。

【相手の女性に興味を持つ】

相手に興味を持たないと、相手の話を最後まで聞くことができません。傾聴では「相手に興味を持つ」ことは基本的な姿勢です。**相手に興味を持って知りたいことを質問して、興味を持って返答を聞くということです。**

興味を持って質問をして聞いているうちに、相手の女性のことをだんだんと理解していきます。別の言葉で「一致」ともいいますが、わからないこと、知りたいことが出てきたら、女性に質問をしてなるべく相手と一致することを目指していきます。

【否定しない】

否定しないとは、自分の好き嫌いや、社会や一般的な善悪をすべて取り払って、**無条件に女性の立場に立つ**ことです。自分が心の中で、相手の話を否定していても、その意見や感情は意識的に抑え込みます。絶対に口に出してはいけません。

女性に限らず、誰でも会話をするとき、相手に否定されないことを前提として話しています。否定をしてしまった瞬間、相手の話は終わってしまって、その続きを聞くことはできません。

一度でも否定をしてしまうと、お見合いは台無しです。大切なポイントなので、いくつかの否定の悪例を書いておきましょう。

悪例①

女性「婚活では相談所とペアーズを使っています。ペアーズは簡単にマッチングができるので重宝しています」

男性「いや、Omiaiのほうがいいですよ。ペアーズはあまりいい女性いないし」

悪例②

女性「猫を飼っているんですよ。オスなんですけど、すごく甘えっこで」

男性「猫って爪が痛いですよね。昔、引っかかれました」

悪例①は女性がペアーズを重宝して、その理由もちゃんと伝えています。しかし、男性は自分が使うOmiaiと比較して、ペアーズを否定しています。さらに追い打ちをかけて「いい女性はいないし」と女性のことまで否定しています。このような返答をすると、一発アウトです。

「ペアーズは簡単にマッチングするのですね。めちゃめちゃ、いいですね」

女性のペアーズを重宝する理由に共感しながら、オウム返しでそう返答するのが正解です。

悪例②は女性が猫を飼っている話なのに、自分の猫にかかわる昔話を持ちだして思いっきり否定しています。爪が痛いと否定の言葉を発した瞬間に、せっかくの猫の話は終わりです。お見合いでは**否定の一言が命取り**、文字にするとよくわかるのではないでしょうか。

共感、相手に興味を持つ、否定しないことは、傾聴に絶対に必要な基本的な姿勢です。一つでも欠けていたら、お見合いの成功はありません。

Point
お見合いでは「否定の一言」が命取り

23 お見合いの前に、女性のことを考える

沈黙をおそれない

アラフィフの男性は、なかなかモテません。年齢が原因なので、アナタだけでなく、全員がモテないので安心してください。

お見合いは貴重な機会なので、毎回、緊張感を持って勝負だと思って挑みます。アナタがリラックスするのではなく、緊張感を持つ理由は、一発アウトとなる否定の言葉を発したり、思わず自分の話をしてしまったりしないためです。

ミスを回避するために、お見合いの直前まで心の準備をします。

お見合いの約束を取りつけた女性のプロフィールを眺めながら、予約した喫茶店や飲食店でどういう会話をするか、ふたりがどんな雰囲気で話しているか想像してください。相手が目の前にいると思って、相手の表情も思い浮かべましょう。

傾聴を使った会話をするので、アナタは真っ先に聞き手のポジションを取っていきます。聞

き手のポジションとは、女性に対して質問を投げて「女性が話して、アナタが聞く」という状況をつくることです。

想像するのは、女性が楽しそうに話をしている姿がいいでしょう。アナタが女性の話に共感して、相手が嬉しそうに盛りあがるなど、多少、都合がよくてもいいかもしれません。それと沈黙が訪れたときに、どう切り抜けるかみたいな想定もしておきましょう。

ちなみに**沈黙は、誰にでも起こる**普通のことです。女性に興味を持っていたら、なにかしらの質問は浮かぶはずです。沈黙が訪れても、これまでの会話の脈路に沿いながらなにかしらの質問を投げれば、女性の話は再開します。

人見知りなどの会話が苦手な人は、初対面の女性と会話を乗り切る想像がつかないかもしれません。コミュニケーションが苦手な方は、女性を楽しませなきゃ、笑わせなきゃと会話を重く受け止めている節があります。しかし、傾聴を使った会話なら、**相手が話したいことを聞いているだけ**です。難しく考えることはありません。

そして、待ち合わせの直前に、傾聴の基本姿勢である「共感する」「否定しない」「相手に興味を持つ」、そして「女性の話を最後まで聞く」と、最終確認のために何度か復唱しましょう。

何度もお伝えしていますが、会話のミスとは余計なことを言ってしまうことです。その原因は気の緩みがほとんどなので、初対面の女性に対して緊張するのではなく、自分自身を奮い立たせて、自分に対して緊張感を持つのです。

冷静な心を保ちながら、一段だけテンションをあげる

婚活では一貫して冷静な心が求められます。

女性との出会いにどうして興奮や熱狂ではなく、冷静さが必要かというと、人と人との出会いはなにが起こるかわからないからです。冷静な心はお見合いの傾聴のためだけではなく、女性が危険人物ではないか、自分の結婚の条件に合致しているか、嘘をついてないか、女性がなにを求めているか、女性は自分のことをどう思っているかなど、直接的な言葉だけでなく、相手の表情や声、テンションなど、非言語で判断しなければならないことが膨大だからです。

初対面のお見合いの場面で、女性が避けたい事態はつまらないことでしょう。

男性が人見知り、消極的な姿勢で喋らない、自慢話好きで余計なことを聞かされる、偉そうにされた、写真と全然違う人物がきた、みたいなことでしょう。

みなさんの性格はそれぞれでしょうが、内向的で会話も女性も苦手みたいな人は、人見知りの通常運転をすると一発で断られます。**女性から一目惚れみたいなことは絶対に起こらない**の

で、必ず切られてしまいます。

お見合いはお互いが会話をすることを目的に会っているので、人見知りや女性に苦手意識がある人も、**無理のない程度に一段だけテンションをあげて会話するべき**です。第一印象は3秒で決まるといわれています。

待ち合わせ場所で女性と出会ったとき、印象がよくなるように口角をあげて、一段テンションをあげて笑顔で挨拶してください。そこから雑談や傾聴がはじまっても、会話や相づちは女性に聞こえるように大きめの声で話しましょう。

Point

「最初の3秒がすべて」という緊張感で挑む

24 同じものを注文する。目線を合わせる

女性をリラックスさせる「ミラーリング」

女性と喫茶店に入店して、正面で向かい合うことなく、対角線の斜め、もしくはL字の位置に90cm以上の距離を取って着席します。

意識的にアナタから質問をして、雑談をしながら聞き手のポジションを取っていきます。**先に女性に質問をさせてしまって聞き手のポジションを取られてしまうと、自分が話すことになるので結果的に失敗となってしまいます。**

女性との初めての会話は、無難に**現時点での共通項**がいいです。出会ったばかりのこの時点での共通項は、ふたりが出会うキッカケとなった婚活ツール、現在の場所、プロフィールに掲載されている相手の趣味や特技、好きな食べ物などです。

雑談を想像しながら適当に書いてみると、

「〇〇（現在の場所）はよく来ますか？」

「〇〇（プロフィールに書いてあった好きな食べ物）が好きなのですよね？」


　みたいな質問を投げれば、なにかしらの返答はあるはずです。

　そして、店員が水とメニューを持ってきました。ここからは戦略的にやっていきます。

　メニューは「お好きなものを頼んでください」と、先に女性に渡して注文を選んでもらいます。女性がコーヒーを頼んだら、自分はコーヒーか紅茶を。ランチセットだったら、自分もランチセットを頼んでください。**すべて相手と合わせる「ミラーリング」**という傾聴の技術です。聞き手が相手と同じ動きをすると、リラックスして話しやすいという考え方

パーソナルスペースを意識して
すべてを女性に合わせる

があります。

なので、喫茶店や飲食店では注文のときから、女性に合わせるという姿勢を貫きます。厳密に合わせる必要はないですが、同じような飲み物を注文してください。相手が紅茶を頼んだのに、自分はケーキセットみたいなことはなしにしてください。

そして、注文を合わせたら、**次は目線を合わせます。**座り方を工夫しながら、女性の目線の高さを見てみましょう。自分より小さい女性だったら、姿勢を少し前のめりにすることで目線を合わせることができます。目線の高さも厳密にする必要はないですが、聞き手であるアナタの目線が女性より上になると不利です。威圧感があるのでリラックスできないのです。

話すスピードを合わせて、相づちを打つ

女性に共通項の質問を投げたので、なにかしらの返答があったはずです。

女性はどんなスピードで話しているでしょうか。速ければ速く、スローだったらスローに会話のスピードを合わせていきます。

傾聴を使うので、基本的に**アナタがなにかしらを質問して女性が返答する**という会話です。女

性が話をしやすいように、話に相づちを打つのですが、そのスピードを女性に合わせます。相づちは相手の話を聞きながら、自然に発している言葉なので「はい」「うん、うん」「へー」「そうなんだ」「それで」「すごい」などなど、言葉自体に意味はありません。ライブやコンサートでの手拍子みたいなもので、話している相手の行為に共感して、もっとやってほしいと応援するみたいな意識で打ちます。アナタが**女性のリズムに合わせて、相づちを打ち、女性が話しやすい環境を**つくっていきます。

雑談の段階で女性が流暢に話していたらミラーリングのチューニングは成功で、会話が停滞していたら質問の内容が悪いかもしれません。女性のプロフィールに掲載されている趣味、特技、居住地なんでもいいので、すでに知っている情報でも簡単に返答ができることを質問してみましょう。

「趣味のカフェ巡りって、どこら辺に行くのですか？」
「お住まいは、東京のどこですか？」

そうやって雑談で女性の返答を聞きながらミラーリングを完了させます。

会話初期の雑談の段階で気をつけるのは、**女性の返答にちゃんと相づちを打つ**ことです。せつかく女性が話しても、反応がないと話はとまってしまいます。少し大きいくらいのリアクションがいいでしょう。

Point

すべてを女性に合わせて行動する！

25 雑談をやめて、すぐに本題に入ろう

傾聴と質問で女性のことを理解する

お見合いがはじまりました。軽く雑談しながら、女性の様子を眺めてみましょう。女性の言葉は流暢か、居心地が悪そうじゃないか、機嫌はどうか。事前に準備して、傾聴に適した店を選んでいれば、隣席と近すぎる、狭いなどの不満はないはずです。それでも、女性の反応が悪かったり、機嫌が悪かったり、最初から沈黙が訪れるみたいな状態だとすると、女性に第一印象で嫌われた可能性があります。

この場合は、もう努力や技術ではどうにもなりません。

女性に来てくれたお礼を伝えて、お見合いを終了してもいいでしょう。知らない者同士の出会いなので、第一印象とか生理的に嫌われることは普通に起こります。そうなったときは、女性に恨み節を言うのではなく、客観的に理由を考えて、必ず改善をして次に臨みましょう。

入店から5分経ちました。女性にメニューを渡して店員に注文をしながら、軽い雑談をしています。ミラーリングのチューニングも終わりました。ここで内容の薄い雑談を継続するのではなく、すぐに本題に突入します。

婚活の**本題は女性の仕事や趣味ではなく、恋愛や結婚の話**です。すでに質問して女性が答える傾聴の環境は整っているので、アナタが質問をするだけです。

「どうして婚活されているのですか？」

「いつから婚活されているのですか？」

「バツイチと書いてありましたが、どうして離婚されたのですか？」

丁寧な言葉遣いで、ズバリとこのような婚活や恋愛に絡んだ質問を投げてみましょう。質問された女性は、婚活や恋愛に絡んだ返答をしてきます。

アナタと同年代の女性なら、いままで結婚をしなかった理由、いま結婚をしたい理由があるはずです。バツイチの女性ならば、離婚の理由、再婚したい理由があります。アナタが興味を持って聞く姿勢でいれば、**女性は話せること、話したいことがあふれるほどあるはず**です。

本題の話がはじまったら、女性に興味を持って聞き進めていきます。もっと話せるようにリズムを合わせて、相づちを打ち、話がひと段落ついたところで、もっと聞きたいと会話の脈絡に沿った質問を投げます。この場面を想像しながら具体例を書いてみます。

女性「仕事が忙しかったんですよね。ずっと男性と同じように働いているから、出会いもなかったし。一人暮らしも慣れちゃうと、いつまでも出来ちゃうし」
男性「出会いがないって、恋愛もなかったのですか？」
女性「そんなことはないけど、相手が若かったり、相手に結婚願望がなかったり、結婚みたいな話は出たことはないかな」
男性「どうして、いま婚活しているのですか？」
女性「気づいたらアラフィフの年齢になっちゃった。もうラストチャンスかなって。この年齢になるとアプリとか相談所に頼るしかないし、それで登録して婚活しているんですよね」

こんな感じで質問を投げると、なにかしらの返答があります。女性は独白のようにずっと話すわけではないので、返答はすぐに終わります。女性のことをもっと知りたいと熱望しながら質問して、また女性が返答をするみたいなイメージです。

傾聴と質問を軸にした会話を続けるうちに、女性がどんな人か、どうして婚活をしているのかわかってきます。女性が語った情報をどんどん吸収して、女性のことを理解していきます。

気になるのは女性が「（結婚の）ラストチャンス」と言っていることでしょうか。アラフィフという年齢を意識して、なるべく早く相手を見つけて成婚したいという希望が読みとれます。

男性「ラストチャンスって？」
女性「だってもう47歳にもなっちゃって、相手が見つかれば出来るだけ早く結婚はしたいですよ。50歳を超えたらもうダメかなって思うし、結婚は早ければ早いほどいいかな」
男性「婚活の状況は、どうですか？」
女性「何人かは会いましたけど、いまのところちょっと微妙って感じ」

ラストチャンスという言葉を拾って質問したことで、「すぐに結婚したい」強い結婚願望と、「（いまのところ婚活は）微妙って感じ」と、現状の婚活の成果は芳しくないことがわかりました。

傾聴を意識した婚活では、このようにすぐに恋愛や結婚という本題の質問を女性に投げて、話がはじまったら、その内容に沿いながら質問を繰り返して女性のことを理解していきます。

もう、**話を転がしていくだけ**です。なんの仕事をしていて婚期が遅れてしまったのか、どうして結婚したいのか、どうして過去の恋愛相手は結婚を望まなかったのか、聞けることはたくさんあります。ここまでくれば、どんな質問をしても不自然ではありません。女性にかかわることで知りたいこと、興味があることを聞いていけばいいのです。

自分の話をするのは、相手に質問をされたときだけ

婚活のお見合いは、お互いのことを知る場所です。いったい男性はいつ自分の話をすればいいのでしょうか。ここで、大切なことを決めましょう。**「自分の話を女性にするのは、女性に質問されたときのみ」**にしてください。

女性は自分の恋愛や結婚の話をしているうちに、アナタに対して少しずつ好感を持ち、安心感が芽生えます。自分に興味を持っているというアナタの姿勢で承認欲求が満たされて、自己開示することで距離が縮まり、否定やアドバイスはしないだろうと安心するからです。

一般的な女性なら初対面の男性を相手に一方的に自分の話をし倒すことは考えられません。いずれ女性からなにかしら質問をされます。そこで初めて自分の話をしてください。

会話には、正解はありません。傾聴や聞き手となる会話にも、いくつもの方法があり、人によっては「初対面の相手にまず自己開示して、相手との距離を縮める」という最初に自分が話すことによって、相手の心を開かせるという考え方があります。筆者はその方法には懐疑的で、みなさんはやめたほうがいいでしょう。

まだこの段階で女性はアナタになんの興味もありません。女性はアナタの服装や髪型などの

清潔感をチェックして、アナタが放つエネルギーみたいなものを確認し、どのような会話になるのだろうかと疑いながら観察している段階です。

そんな状態で男性に赤裸々に自己開示をされても、とても信頼が深まって心を開くとは考えられません。**どうでもいい自己開示は、女性にとってはウザイだけ**でしょう。口下手ならばなおさらで、話が長い、つまらない、寒い、もう辟易と思われかねません。

お見合いでは挨拶や自己紹介は最短で済ませて、軽く雑談をしながらミラーリングのチューニング、すぐに本題に入るのがベストでしょう。アナタが伝えたいことがあったとしても、女性から質問されるまでその話はしません。

お見合いの失敗の大半は、女性に求められていない「余計なことを言ってしまうこと」、女性に求められて初めて口を開くとあらかじめ決めていれば、大敵である**「余計なこと」の封印**ができます。これが傾聴は最大の防御である、と伝えている理由です。

Point

女性が話せば話すほどアナタへの好感が高まる!

26 お見合いは60分、長くても90分で終わらせる

積極的に「また会いたい」と意思表示する

お見合いは60分、長くても90分で終わらせましょう。話が盛りあがったとしても、90分を超える傾聴や、店を変えて**二次会突入は避けたほうがいい**でしょう。

初対面の女性相手に緊張感を持って傾聴に向かっているので、アナタはすでにだいぶ疲れているはずです。90分を超えてしまうと、集中力と緊張感を欠いた状態になって、余計なことを言ってしまいかねません。余計なことを言ってしまったら、これまで積み重ねてきた準備や労力が水の泡となってしまいます。

60分間、女性の話を聞き続けることができれば、相手のことはだいぶ理解できたはずです。まず女性が自分の結婚したい条件に合致しているか確認しましょう。60分間、女性が語ったらおおよその人物像は掴めているはずです。

筆者は「病んでいる女性はＮＧ」としたので、精神的に問題があったり、前夫との離婚理由

に疑問を感じたら、二度目に会うことはしません。冷静な心を失って女性に大きな期待をしていた場合、長期間メッセージ交換していた相手だったら損切りに躊躇があるかもしれません。婚活は1人の女性を探す活動なので、**条件と違った場合はもう会わない決断**は必要です。

そのときはお礼を言って別れて、もう連絡をするのはやめましょう。

そして、また会いたいと思ったら次の約束をとりつけます。

60〜90分のお見合いが終盤に差し掛かったら、アナタの女性に対する評価も定まっているでしょう。婚活で消極的な姿勢は、百害あって一利なしです。タイミングをみて、次のデートを誘います。

「○○さんと、またお会いしたいです。次はいつ会えますか？」

イエスノーで返答ができる質問をクローズドクエスションといいますが、こんなクローズドクエスションを投げるだけで十分でしょう。60分間の傾聴に成功して、相手がそれなりに話をしていたら断られる可能性は低いでしょう。

その場でOKしてくれるかもしれないし、後で連絡しますとはぐらかされるかもしれません。女性の反応はそれぞれでしょうが、積極的に次に会いたい意思を伝えることが大切です。

婚活はお互いの条件をクリアした候補同士で、週1平均で会い続けます。2回目、3回目、4

回目と進行して、どこかで真剣交際に発展して、どこかでプロポーズをして成婚という流れです。候補者とデートを続けるという暗黙の了解があるので、ナンパと違って女性を誘いやすいはずです。

お互いの目的が明確なので、デート後に次に会いたいという意思表示は「こちらは合格です」という意味になります。

ここで**やってはいけないのが受け身の姿勢になること**です。婚活中の女性は複数の男性と接触しています。競争なので女性から次のデートを誘われることを待っていると、次の機会はやってきません。他の積極的な男性に持っていかれてしまいます。

お見合いの終盤に次のデートを誘うタイミングがなかったら、ＬＩＮＥ交換だけはしておきましょう。お見合い直後に自分から、ＬＩＮＥでお礼と次のデートの誘いをメッセージします。応じてくれることもあれば、やんわりと断られることもあるでしょう。

1人でも多くの女性と会って、傾聴し、積極的に次回のデートを誘う。そうしているうちに、どこで運命の人が現れるか？というのが婚活なのです。

会計は必ずアナタが支払ってください

会計は必ずアナタが支払ってください。

ジェンダー平等が進んだことで、最近男が奢るのは不公平だという意見が散見されます。デート代は男が奢る文化は「男は外で働いて、女は家を守る」という旧態の価値観や、ジェンダー不平等時代の負の遺産な側面は確かにあるでしょう。実質賃金が下がってどんどん貧乏になっているので、なおさらです。

しかし、**女性が男性を選ぶ**婚活では、どんなに根拠があってもそのような主張は封印しましょう。お見合いや初期のデートは女性に男性が見定められる場であり、女性は複数のなかからどの男性を選ぼうかという状態です。

数百円、数千円程度の支払いで、女性からの評価が下がる可能性がある行動をするべきではありません。さらに結婚相手となると、お金に対する価値観や執着みたいなことは重要な評価対象で「ケチ」「お金にうるさい」みたいな男性は避けたいはずです。

婚活では喫茶店代やデート代は、未来のための投資だと思いましょう。好きな女性のときも、興味がない女性のときも、**婚活では男性がすべて支払うのが常識**という姿勢でスマートに支払いをするのが無難です。

会計後も「ご馳走してあげた」みたいな恩を着せるような発言は絶対にしないでください。せっかく支払いをしたのに、その行為が台無しになってしまいます。男性が支払うのが当然という姿勢を貫いて、女性が支払うと言ってきても断ってください。

Point

1人でも多くの女性と短時間デートを重ねる！

第四章まとめ CHECK！

- ☑ 婚活は「聞く」が9割
- □ 女性に「余計なこと」を言わない
- □ 女性に共感して否定しない
- □ 対面で座らず90㎝の距離を確保する
- □ メニューも話す速度も女性に合わせる
- □ 会計は男性がすべて支払う

第五章

「この人と結婚する」というクロージング

27 2回目のデートで「好意」を自然に伝える

2回目のデートに進めたら「嫌われていない」証拠

お見合いをクリアして2回目のデートになりました。

2回目のデートにたどり着けるのは、おおよそ3割くらいです。お見合いでどちらかがフラれる理由は、実際に会ったら想像と違った、話が合わなかった、つまらなかったなどなど、それぞれでしょう。見ず知らずの男女の出会いなので、**初回で7割のカップルが破談するの**は妥当な割合といえます。

本書は戦略的に準備して、間違った行動を封印し、女性と人間関係ができるまで積極的に傾聴を使うことで、女性から断られる確率を低減させる考え方で進めています。一般的にお見合いの突破率が3割ならば、傾聴を使うことで4割、5割にアップさせましょうということです。自分の話を徹底的に封印しても、半分の確率で断られるわけで、婚活に破談は誰にでも起こることと知っておきましょう。**女性に断られたからと、大きく落ち込むとキリがない**し、とても心がもちません。たった1人の結婚相手を探しているのだから、断られて当然なので一喜一憂しないことが大切です。

お見合いで傾聴したことで、相手の話をかなり聞きました。

その上で2回目のデートに進めたという結果は、女性の恋愛感情「嫌いじゃない」という第1段階はクリアしていることになります。そして、2回目のデートをどうするかですが、傾聴を継続する心構えで食事デートが無難です。アラフィフの婚活は、後がない年齢なので急いではいても、**女性との関係構築は急がないで少しずつ詰めていきます。**

2回目のデートは初回のお見合いと同じく、余計なことを言うミスを犯さないことを最優先の課題にして、2~3時間程度の食事に挑みます。初回のお見合いと雰囲気や状況を変えるために、**平日の仕事の後に食事をする**のがいいでしょう。

まだ、女性と人間関係はできていません。女性から「この人は大丈夫なの？」という評価は続いています。食事でも傾聴を使うので、今回もどの店に行くかはアナタが考えます。自分で店を選ぶ理由は、女性から「主体性がない」「頼りない」みたいな判断をされないためと、自分で探さないと傾聴に適した場所の確保ができないからです。

では、2回目の食事デートはどうすればいいかを考えましょう。

時間は2時間~3時間、19時に待ち合わせて22時くらいで終わらせます。平日夜なので二次会みたいなことは避けます。そして、メニューを見て選ぶ時間や労力、料理がわからないことでマイナス評価を受けないように、**コース料理をあらかじめ予約する**のがベターです。

日本料理、フレンチ、中華、イタリアンくらいの選択肢から、好きな食事を相手から聞いて1人5千円~1万円程度の店を探します。アナタが払うので安く済ませたいでしょうが、コース料理5千円程度は投資だと思いましょう。

女性はアナタがどんな店を選択するのか、よく見ています。

くれぐれもファミレスやチェーン系、あと安価なカジュアル系イタリアンは避けてください。2回目の食事はケチると、ケチで貧乏くさいみたいな評価となって店舗選びが原因でフラれかねません。頑張って検索をしてベストな店を探します。

お酒は女性が飲むならば一緒に飲み、飲まないならばやめましょう。それと、コース料理を頼む理由は、時間的な演出もあります。ディナーだと前菜からデザートまで2時間はかかるので、2回目のデートにちょうどいいのです。

場所は女性が帰りやすいように、女性の居住地に一本で帰路につける沿線の繁華街がいいでしょう。成増ならば池袋、荻窪ならば新宿か吉祥寺、日吉ならば渋谷みたいな感じです。女性の食事の好みを聞いて、その繁華街でそのジャンルの店を探します。

どの繁華街にするか、金額は5千円〜1万円程度のコースと決まりました。ここから傾聴に適した店に絞っていきます。すでにお伝えしている通り、90㎝以上の距離を取れる4人席、もしくはL字の椅子がある店を探します。

ここで気をつけるのは、対面の2人席を避けることです。普通に予約をしたら、対面の2人席を確保される可能性があります。**ネットで予約するのではなく、店に電話**をして希望を伝えることは必須になってきます。四角い4人席でL字の位置ならば完璧、4人席で90㎝以上の距離が保てればOKです。

2回目のデートの心構えは初回のお見合いと同じです。「共感する」「相手に興味を持つ」「否定しない」の3原則を徹底的に意識して、相手の女性からお見合いの続きの話を聞いていきます。それと平日夜の仕事終わりの食事なので、女性の仕事の話になるかもしれません。休日昼と平日夜ではまったく状況が変わってくるので、会話の内容も自然と初回とは異なってくるはずです。

2時間〜3時間の食事となると、一歩踏み込んだ会話になります。女性の恋愛や結婚のさらに突っ込んだ話を聞き、アナタへの質問もあるでしょう。アナタは家族、友だちや仲間、仕事、特殊な趣味、過去の女性や離婚の話に気をつけて、**女性からの質問には誠実に**答えていきましょう。

傾聴を継続して「共感＋好意」を伝える

2回目の食事デートでも、傾聴を積極的に使っていきます。

初回のお見合いと違うのは、ここからは所々で相手に好感を伝えることです。質問から会話がはじまり、相手の返答に共感をしながら好意のある言葉を付け加えていきます。一緒にいる食事の場が楽しくないと、そのような雰囲気になりません。女性に対して興味を持っているアナタが、**聞きたい話をどんどん聞いて、女性が話したいことをどんどん聞いていくべきです。**

この2回目の食事デートの会話を想像していきます。

ミラーリングを意識して、食事のスピードは女性に合わせてください。食べながら先に**「美味しいね」と言いましょう。**くれぐれも、同業他店の料理と比較して「まずい」などネガティブなことは言わないでください。

お見合いで過去の恋愛や結婚の話をして、結婚願望が強いことは理解しています。待ち合わせ&入店して、仕事帰りなので女性の仕事の話になるでしょう。過去のキャリアや現在の状況を聞き、お見合いのときに話した恋愛や結婚観の話に戻っていきます。過去にどうして結婚に至らなかったか、いま、婚活で探しているのはどんな男性なのか、こんな会話の流れになるでしょうか。おそらくアナタも、女性から過去の恋愛や婚活で探している女性像の質問をされるので、女性の話に共感しながら、うまく相手の女性に近い女性を探しているとオーバーラップさせます。

女性「〇〇さんは、どんな女性が好みなの？」
男性「〇〇さんみたいな仕事と家庭を両立させようって女性、すごく好きです」

たとえば、こんな感じです。女性が真剣に仕事をしてきた人で、結婚後も仕事をさらに頑張っていきたい意思のある人だったら、このように女性の現在のスタイルに共感しながら自分自身の好意も伝えていきます。

会話は話の脈路があるので、**唐突に好意を伝えるよりも、女性の話に共感しながら好意の言葉を加える**のが自然です。このように相手の女性が話し手となる傾聴だと、共感しながらナチュラルに好意を伝えることができるという技が使えます。

Point 時間をかけた食事デートで一歩踏み込む

28 スキンシップにはまだ早い！

2回目のデートで女性に触れるのはやめましょう

女性へのスキンシップは気をつけてください！

恋愛指南本の一部には手をつなぐ、頭を撫でる、肩に触れる、キスをするなどなど、スキンシップを推奨することが書かれています。スキンシップが有効という情報を真に受けると、女性を怒らせたり、キモがられたりと大変なことになります。

女性との物理的な距離を近づけたり、触れたりするスキンシップが有効だと信じて実行する男性がたくさんいますが、リスクがあります。現在はセクハラ糾弾が全盛の時代なので、**女性に触れるのは慎重に**なったほうが無難です。筆者は何度も女性から苦言を聞いたことがありますが、密接距離に平気で立ち入る男性はかなりの確率で気持ち悪がられています。

女性に精通しているわけでないみなさんが高難易度のスキンシップに挑戦して、女性との駆け引きを試みるのは、本当にやめたほうがいいです。筆者は「嫌いじゃない」ことが確定しているだけの**2回目デートの段階で、女性にスキンシップを試みるのは危険**だという意見です。

お見合いで密接関係のプライベートゾーンである45cm以内には立ち入らないように伝えましたが、2回目もその距離感は継続したほうがいいでしょう。女性は恋愛感情に段階があるので、男性よりも感情が高まるのが遅いことが距離を取ったほうがいい一番の理由です。

嫌いじゃないだけの状態で女性に触れてしまうと、気持ち悪いと思われます。嫌いじゃないし、好感も持っていたけど、触ってきたら気持ち悪い、最悪という評価となってしまうのです。これまで傾聴で積み上げた好感が一気に崩れてしまいます。


スキンシップを気持ち悪いと思わない女性も一定数います。しかし、その見極めは難しいので、**女性からアナタに触れてこない限り、距離は保ちましょう。**きわめて紳士的な態度で性欲みたいな欲望の片鱗は見せてはいけません。

よって、2回目のデートでは手をつなぐ、頭を撫でるどころか、45cm以内に近づきません。肉体関係を誘う、狙うなどは言語道断です。嫌いじゃないだけの段階で肉体関係を求めると、「最悪！」と即切られます。結婚相談所はルールとして婚活中の肉体関係を厳しく禁止しているところが多いですが、筆者の意見はルールを守る優等生的なことではなく、恋愛感情の流れが早い男性側から先に、**欲望を表に出すのはリスクが高い**のでやめましょうということです。

2回目のデートは楽しい食事を共有できて、お互いが相手に話をして距離が縮まっただけで100点満点です。婚活中の女性は複数人の男性とデートを繰り返しているので、スキンシップも含む積極的な姿勢のほうが印象に残るという意見もありますが、そもそも傾聴できる人が少ないので、相手の話を共感しながら聞くだけで十分に突破できるはずです。

好意は伝えても告白はまだしない

2回目のデートで物理的な距離は縮めないほうがいい、触れないほうがいいという理由と同じで、好意は伝えつつも、告白することもやめてください。女性のアナタに対しての感情は、嫌いじゃないという段階なので、「結婚前提に付き合ってください」と言うのは性急すぎます。

2回目のデートでちゃんと傾聴ができれば、女性のアナタに対する感情は第1段階の「嫌いじゃない」から、第2段階の「好感がある」に昇進している可能性があります。嫌いじゃない、もしくは好感があるという段階で告白をされても、頷くのは難しいです。婚活は競争なので積極的に行かないと誰かに負けてしまいますが、**時期を見誤って積極的に行き過ぎても、相手とズレてしまう**のでうまくいきません。

60分のお見合い、3時間の食事デートを乗り越えて、3回目のデートの約束ができれば大成功、十分すぎる成果と思うようにしましょう。

婚活を生活の最優先事項にする

言い忘れてしまいましたが、婚活は生活の最優先事項にしてください。

週1ペースで女性とのデートを繰り返して、お互いを知りながら結婚というゴールを目指すのが婚活です。せっかくデートをOKしてくれる女性がいるのに、仕事を優先してなかなか会えない状態になってしまうと、どうにもなりません。真剣に婚活をしている女性は、この段階では複数の男性と同時進行で交際を続けています。仕事を優先してなかなか会えない男性は、他の男性に持っていかれて終わりという結果となります。

「仕事より婚活優先」に、ピンとこない男性もいるでしょう。

女性の立場に立って考えてみましょう。アラフィフで婚活をしている女性は、仕事よりも婚活を優先しています。理由は時間と戦っているからです。年齢を重ねるほど、時間が過ぎるほど、不利になる自分の状況を理解しているので、無駄な時間を嫌います。**女性が婚活を最優先事項にしているのに、男性が二の次にしている**と必然的に価値観が合わないので対象外とされてしまいます。

婚活中の男女が週1ペースで会うのと、3週間や1か月と間が空いてしまう関係とでは、進行の早さはまるで違ってきます。チャンスがあるときに、**女性と向き合うことを最優先に**して早期決着を目指すのが、もっとも時間の無駄がありません。婚活を早期決着させたことで、結果的に仕事に集中できる効果も生まれます。

Point

3回目のデートの約束ができれば大成功！

29 長時間一緒に時間を過ごして心地がいいか

3回目のデートで遠出に挑戦する

2回目の食事デートを突破しました。

次は**休日に、丸一日を使って車で少しだけ遠出する**デートがいいでしょう。また、会話する機会を失う映画鑑賞、混雑するディズニーランドなどは、やめたほうがいいでしょう。人間関係がない段階で混雑するディズニーランドに行ってしまうと、成功すればふたりの関係は急接近になるでしょうが、待ち時間がツライ、食事をしようにもどこにも空席がないなど、未知数のネガティブ要因が多すぎてどう転ぶかわかりません。リスクがあるので避けたほうが無難でしょう。

車を持っていない、免許がないみたいな人もいるとは思いますが、日帰りの車デートの利点は目的地に向かう**往復の車中で会話ができる**ことです。

ここまでお伝えしてきた通り、会話は環境によって左右されます。車の助手席だと座り位置が親密な関係を意味する並列となって、パーソナルスペースの密接距離に近い距離感になります。

筆者は婚活だけでなく、取材やインタビューで、車中で決定的な言葉を導いた経験は何度もあります。往復の車中でどんな会話になるかは、カップルによってそれぞれでしょうが、さらに踏み込んだ結婚観や過去の告白みたいな**決定的な自己開示がされる可能性があります。**

女性は男性よりも精神年齢が高く、アラフィフともなれば、すでに人生でいろいろな経験をしています。車中でディープな自己開示がはじまったとしても、否定しないで女性の言葉に共感することは鉄則です。女性にさらに興味を持って、相手のことをもっと受容できれば、女性はどんどんと話してくれるでしょう。

最初に仮説を立てたように、相手の話を聞けば聞くほど、相手との距離が近づくとすると、女性の感情が第2段階の「好感がある」から第3段階の「好き」に変化することも十分に考えられます。

それと3回目の長時間デートで、お互いの評価ポイントは「この人と長時間一緒にいても大丈夫なのか」ということです。**一緒にいて居心地がいいのか、悪いのかの確認**が3回目の長時間デートの確認事項になってきます。

制限時間のあるお見合いや2回目の食事デートと違って、長時間一緒にいるので傾聴を徹底するみたいなこともできません。ある程度ナチュラルに会話するので、相性が悪かったり、恋愛感情の方向が違っていたら、おそらく長時間一緒にいるのはツライでしょう。長時間デートが盛りあがらず、帰りの車中がどんよりとした空気になっていたら関係を進めるのは難しいかもしれません。

逆に心地のいい楽しいデートで、女性も楽しそうにしていたとします。帰りの車中でアナタが**「行ける」と判断すれば、結婚を前提とした真剣交際を申し込んでもいい**かもしれません。「行ける」の判断は難しいですが、とにかく女性の状態を客観的に観察することです。

ドライブデートは女性との距離を縮めるのに最適

女性の恋愛感情が第1段階の「嫌いじゃない」、第2段階の「好感」のままだと断られる可能性がありますが、「好き寄りの好感」まで発展していたらOKとなる可能性があります。真剣交際の申し込みは断られたらアウトなので、あくまで慎重にチャレンジしてほしいのですが、最短で3回目の長時間デートの帰りはアリでしょう。

機会を逃すと「ただの友だち」という関係に……

婚活はもちろん、恋活でも出会ったばかりの男女関係で重要なのは、とにかく関係を進展させることです。

パートナー探しの婚活では、関係を第2段階の「好感がある」に留める、**関係の維持や停滞は意味がありません。**お見合いより2回目、2回目よりも3回目と進んでいくことが求められます。3回目に楽しいデートをしたとしても、関係を進展させることがなければ、ただの仲のいい友だちみたいなことになりかねません。

お互いの距離が縮まって人間関係がつくれたとしても、結婚に向かって進んでいかないと、女性の目的は結婚相手を探すことなので、いずれ女性から切られてしまいます。

デートを繰り返して、仲がよくなった次段階は**結婚を前提とした真剣交際**をすることです。

3回目のデートの帰り～5回目くらいの段階で、女性のことが好きだったら気持ちや好意を伝えて交際を申し込んでみましょう。成功や不成功かはそれぞれになりますが、**機が熟したときに好意を伝え、進行させせないと「よくわからない関係」になってしまいます。**仲がいい友だちになってしまうのは、婚活では失敗です。

婚活をしている女性が目指しているのは結婚なので、婚活のデートではいつ何時もその目的を忘れないようにしましょう。

Point

好感触なら「結婚前提の真剣交際」を申し込む

30 「この女性と結婚する」と決断する

最後の最重要な行動は、結婚を決断すること

婚活で最後の最重要な行動は、「この女性と結婚する」と決断することです。

その決断をしない限り、婚活は終わることはなく、1日1日加齢するのでアナタの状況は悪化していきます。

男性で「この女性と結婚する」という決断ができない人は多いでしょう。

もっといい女性が現れるのではないか、責任を負いたくない、現在の恋人同士の関係で十分楽しいと、いろいろな理由があるでしょう。ここで**結婚する決断をすれば、結婚ができます。**でも決断をしなければ、結婚を逃してしまいます。婚活をしていれば、いずれその場面はやってきます。

決断を迷ってしまったら、自分自身の状況を客観的に見てみましょう。

目の前にいる婚活で出会った女性と結婚する決断を避けたとして、次の女性が現れるでしょょうか。アナタが50代に突入したら、40代よりも遥かに厳しい戦いを強いられるので、**目の前にいる女性が結婚のラストチャンス**かもしれません。ラストチャンスを逃すと、生涯未婚のまま人生を終えることになります。誰にも気づかれぬまま孤独死となって、家主や近隣に迷惑のかかる最期となってしまうかもしれません。

決断できない理由が「責任を負いたくない」だとしましょう。

結婚をしてすることは、簡潔にいえば、自治体に婚姻届けを提出して同居するだけです。単身世帯から二人世帯になると経済的に安定して、相手がいるので健康にも気をつけるようになるでしょう。社会保障でも優遇されるのでメリットは多いです。一方、責任といえば、女遊びがしづらくなる程度じゃないでしょうか。責任を負いたくないことが理由で決断できないならば、立ち止まってもう一度考えてみましょう。

それと、いまの恋人同士のままで十分に楽しい、結婚は面倒くさいと決断できない場合です。**アナタが面倒くさいと思っていても、女性が求めているのは結婚**なので決断はどうしても避けて通ることはできません。面倒くさいという理由だけでラストチャンスを逃すのは、あまりに勿体ないです。なにが面倒くさいのか、ちゃんと考えてみましょう。

そして、結婚の決断をしたら、女性にプロポーズをします。女性からOKがもらえれば、婚活は終了となります。

相手が見つかれば、それ以降にたいした壁はない

そして、結婚を目指して次の段階に進んでいきます。相手さえ見つかれば、**もう壁となるものはありません。**

両家の親に挨拶に行っても、よほどのことがなければ反対されることはないでしょう。後期高齢者になった親は、いくらなんでも子離れしています。独立して元気でやっているアラフィフの子どものことに、もうたいした興味はなく、婚活の続きで清潔感のある姿で挨拶すればすんなり終わるでしょう。

相手の親から女性と出会ったキッカケや、どうして結婚したいと思ったのか、それと仕事のことを質問される程度でしょう。そのまま事実を返答するだけで納得して結婚を認めるはずです。

アラフィフの結婚では、結婚式も挙げる必要はないでしょう。女性が望めば付き合うしかないかもしれませんが、アラフィフになって結婚式といわれても周囲が困ってしまいます。**結婚式に費用をかけるくらいならば、老後資金にまわそう**というのが普通の感覚です。

結局、結婚をするにあたってやることは、婚姻届の書類作成と提出、同居のための準備だけ

です。婚姻届は直筆で住所と名前を書いて、2人の証人に署名をもらいます。提出日は結婚記念日になるので、ふたりで話し合って縁起のいい日にちを選ぶのがいいでしょう。大安や友引の日にするのが一般的です。

ふたりで暮らす場所はアナタか女性の家か、または新しく借りるのか、ふたりで話し合って契約して引っ越すだけです。

結婚してからの第二の人生は、これまでの単身生活とはまるで違うものになるでしょう。誰かと生きるのは決して窮屈なものではなく、ひとりでは経験ができなかった豊かな人生が待っています。アナタは婚活をしてよかった、意識を変えてよかった、頑張って間違った行動を封印してよかった――と思うはずなのです。

Point

ラストチャンスを逃さず第二の人生をはじめよう！

第五章まとめ CHECK！

- [x] スキンシップは慎重に！
- [ ] 婚活を生活の最優先事項にする
- [ ] 3回目のデートで遠出に誘う
- [ ] 感触を確かめて交際を申し込む
- [ ] 「この人」と覚悟を決めてプロポーズする

おわりに

婚活で仕事も人生もうまくいく

課金すればするほど、成婚に近づく

みなさん中年婚活はスタートしているでしょうか。

いままでなにも気にしていなくても、清潔感をつくるために美容室に行って身なりを整えて、本腰を入れてプロフィールを作成し、若い女性を諦めて同年代の女性に「いいね！」を押してくれていると思います。婚活は1日でも早いほうが有利なので、それは「正しい行動」です。

本文で言い忘れたことがあるので、ここで伝えさせてください。

婚活をはじめたらお金をどんどん使って欲しいのです！

婚活をしている現在は人生で重要な場面だと思って、上限なしに投資をしていくことが最終的に利益となって返ってきます。具体的には頻繁に美容室に行く、洋服を買う、女性と美味しいものを食べる、女性と楽しい時間を過ごすなどなどで、身なりを整えたり、ＱＯＬを上げることで**女性にモテるだけでなく、人付き合いや人間関係も好転して仕事にも好影響**となるはずです。

婚活ツールも、そうです。

複数のマッチングアプリに入会して女性との接触を増やすほど、出会える可能性は上昇します。アプリではコスパとケチって使用に制限のある無料会員を駆使するのではなく、有料会員になって上限を設けないでどんどん課金してほしいのです。

本文で説明した通り、女性に押した「いいね！」の数が結果に直結します。課金すればするほど、時間短縮となって良質な成婚に近づきます。ケチって無料会員を続けて「いいね！」を押す数を減らすことで、3か月で決着するべき婚活が2年、3年と延びてしまうかもしれません。時間が過ぎるほどみなさんは加齢して、婚活は不利になります。不利になると、出会う女性も変わってきます。月数千円をケチったことが、**必要な時期に投資をしなかったことが、人生に大きな代償として返ってきてしまう**のです。

それと貯金がある人はマッチングアプリだけでなく、結婚相談所にも入会しましょう。マッチングアプリと結婚相談所では、出会える女性が変わってくるのでチャンスは広がります。結婚相談所も、コースによってお見合いの申し込みができる人数が違ってきます。お金を払うほど、高いコースを選択するほど、たくさんの女性に申し込むことができます。

婚活では価格の安いコースを選択してコツコツと続けるのではなく、**短期決着を目指して高いコースを選択**してすぐに成婚退会するべきです。そして、時間を無駄にしないために結婚相談所の活動だけでなく、空いた時間はマッチングアプリにログインして女性に「いいね！」を押し続けるべきです。

婚活は3か月、半年という短期で達成する目標を決めて、その短い期間にお金と時間を投入するべき人生の大きなイベントと理解してもらえたでしょうか。婚活をすると決めたら時間を全振りし、お金も上限を設けないで使っていくのが正解なのです。

部屋を掃除する。邪気を取り払う

人と人が出会う婚活は運に左右されます。良質な女性と成婚するためには、運気も上げていかなければなりません。

筆者は婚活の成功を願って、マッチングアプリ登録と同時に運気上昇を目指してできることはやりました。誰でもできる**好運を引き寄せる第一歩は、掃除や整理整頓**です。みなさんも部屋の断捨離をして、綺麗な空間でマッチングアプリをいじるのはどうでしょうか。

アラフィフの一人暮らしになると雑誌や漫画が部屋に膨大に散らばる、空き缶やゴミを捨てていない、たまにしか洗濯しない、湿った万年床、使用した食器はしばらくそのまま、みたいな人は多いでしょう。いらない物を捨てて、布団を干して、必要な物は収納し、毎日少し家事をするだけで綺麗な空間が手に入ります。**綺麗な空間が自分自身の身なりにも影響して、婚活**

で必須の清潔感に磨きがかかるし、女性たちのプロフィールを眺める目も冴えてきます。

人と人とが出会う婚活はリスクが伴います。マッチングアプリには業者、恋愛詐欺師、高飛車な勘違い女、不幸を呼び寄せるメンヘラなどなど、危険な女性もまぎれています。そのような人物を寄せつけてはいけません。整理整頓をして綺麗な環境で生活して活動すれば、マッチングアプリの向こうにいる腹黒い欲望を抱えた女性のことも危険だと見抜けるかもしれません。

それと、**距離を置くべきなのは生涯未婚の男性たち**です。

みなさんは結婚をして幸せな第二の人生を歩みたいならば、これまでの不遇な人生を培ってきた人間関係は断捨離するべきです。**人間は環境に左右される生き物**なので結婚すると決意をしたら、結婚に否定的で、運気を下げる生涯未婚の男性たちから離れるべきだと言えます。整理整頓した綺麗な環境と、不遇で不運な人々と距離を置いてこれまでとは違う人間関係のなかで生活し、活動すれば、必然的に運気は上昇して良質な女性と出会える可能性が高まってくるはずなのです。

もう一つ、筆者が危険人物や不運な人々と距離を置くための対策で、掃除と整理整頓以外にはじめたことは部屋に榊（さかき）を飾ることでした。榊はスーパーで売っている常緑樹で、人間の負の感情を吸い、邪気を祓う不思議な力があるといわれています。さっそくスーパーで榊を買って飾りました。筆者が婚活で危険な女性に遭遇することなく、すぐに成婚となったのは少なからず榊の力があったのではと思ったりしています。

「婚活には一発逆転はない！」と言いました。でも、地に足をつけながら本書を実践して成婚した方々は、**結婚をした第二の人生はいままでにはなかった「一発逆転」**だったのではないでしょうか。

筆者はアラフィフのみなさんが幸せになることを、本当に心から願っています。

中村淳彦

2023年10月

中村淳彦

……なかむら あつひこ……

ノンフィクションライター。AV女優や風俗、介護などの現場でフィールドワークを行い、貧困化する日本の現実を可視化するために傾聴・執筆を続けている。49歳だった2020年9月に最悪な悪性腫瘍と言われる膠芽腫で妻を亡くし、悩んだ末にすぐに婚活を開始。2022年3月、婚活マッチングアプリで出会った同じ年齢のキャリアウーマンの女性と入籍する。
代表作『東京貧困女子。』(東洋経済新報社)は2019年本屋大賞ノンフィクション本大賞にノミネート、『東京貧困女子。－貧困なんて他人事だと思ってた－』として連続ドラマ化(主演・趣里)し今秋から放送予定。『新型コロナと貧困女子』(宝島社新書)、『日本の貧困女子』(SB新書)、『日本の風俗嬢』(新潮新書)、『女子大生風俗嬢』(朝日新聞出版)など著書多数。2022年6月に開始した音声配信「voicy」は毎日更新して、軽快に中年婚活を語って人気パーソナリティーとなっている。

【voicy】中村淳彦の
「名前のない女たちの話」

中年婚活

50歳、年収450万円からの結婚に必要な30の法則

発行日 2023年11月2日 初版第1刷発行

著者　中村淳彦
編集発行人　早川和樹
デザイン　長久雅行
イラスト　ヤギワタル

発行・発売　株式会社大洋図書
〒101-0065 東京都千代田区西神田3-3-9 大洋ビル
電話：03-3263-2424（代表）

印刷・製本所　株式会社シナノ

ISBN978-4-8130-2297-8 C0095